湖南文化产业创新发展研究

王 毅 廖卓娴 著

吉林大学出版社

·长春·

图书在版编目(CIP)数据

湖南文化产业创新发展研究／王毅，廖卓娴著. —
长春：吉林大学出版社，2020.4
ISBN 978 - 7 - 5692 - 6337 - 4

Ⅰ. ①湖… Ⅱ. ①王… ②廖… Ⅲ. ①文化产业 - 产
业发展 - 研究 - 湖南 Ⅳ. ①G127.64

中国版本图书馆 CIP 数据核字(2020)第 063916 号

书　　名　湖南文化产业创新发展研究
　　　　　HUNAN WENHUA CHANYE CHUANGXIN FAZHAN YANJIU
作　　者　王　毅　廖卓娴　著
策划编辑　李潇潇
责任编辑　李潇潇
责任校对　曲　楠
装帧设计　博克思文化
出版发行　吉林大学出版社
社　　址　长春市人民大街4059号
邮政编码　130021
发行电话　0431 - 89580028/29/21
网　　址　http://www.jlup.com.cn
电子邮箱　jdcbs@jlu.edu.cn
印　　刷　三河市华东印刷有限公司
开　　本　787mm×1092mm　1/16
印　　张　14
字　　数　210 千字
版　　次　2020 年 4 月第 1 版
印　　次　2020 年 4 月第 1 次
书　　号　ISBN 978 - 7 - 5692 - 6337 - 4
定　　价　52.00 元

前　言

党的十八大以来,党中央、国务院进一步加强顶层设计,制定实施《深化文化体制改革实施方案》《国家"十三五"时期文化发展改革规划纲要》等文件,全面推进文化体制机制改革创新,文化产业增速始终高于 GDP 增速,保持强劲发展势头;文化产业总量规模稳步扩大,对经济社会发展的促进作用明显增强;文化市场主体发展壮大,大众创新、万众创业日趋活跃;新型文化业态发展强劲,文化产业结构逐步优化升级。党的十九大报告指出,没有高度的文化自信,没有文化的繁荣兴盛,就没有中华民族伟大复兴。要坚持中国特色社会主义文化发展道路,激发全民族文化创新创造活力,建设社会主义文化强国。党的十九大报告提出了新时代文化建设的基本方略,明确了文化建设在中国特色社会主义建设总体布局中的定位,提出了新时代文化建设的目标,指出了新时代文化建设的着力点,提出了新时代文化建设的基本要求。

湖南文化产业发展位列国家第二方阵,享誉全国。在区域文化产业竞争日趋激烈的今天,充分认识湖南文化产业创新发展历程,继续发掘优势,弥补不足,寻求提升文化产业转型升级有效策略,确保湖南文化产业发展继续走在全国前列,实现文化强省,是新时期广大湖南文化研究工作者的一项重大而又亟待解决的现实课题。本书围绕湖南文化产业创新发展实践与探索,以及文化产业如何带动相关产业创新发展这一思路展开。

目　录

第一章 湖南文化产业发展概况

文化是一个国家、一个民族的灵魂。党的十九大报告明确提出，要"坚定文化自信，推动社会主义文化繁荣兴盛"。文化建设是我们党极其重视的一项工作。党的十七大提出，推动"文化大发展大繁荣"；十八大明确"建设文化强国"；党的十九大强调要"坚定文化自信"。一系列文件政策的提出，彰示着文化在国民经济与社会发展中的地位日益提升。文化建设是中国特色社会主义"五位一体"总体布局的重要组成部分，获得丰富的精神文化食粮，实际上是人们感知并衡量生活美好程度的一个重要尺度。

湖南是最早提出发展文化产业的省份之一，在十七届六中全会国家将文化强国上升为国家意志之前，就已开始了文化强省的探索与实践：20 世纪 90 年代，湖南省委、省政府提出发展"文化经济"的理念；2001 年，开始提出大力发展文化产业；2006 年，湖南提出建设文化强省的发展目标；2009 年，制定《湖南省文化强省战略实施纲要》；2010 年，把文化创意产业纳入了 7 大战略性新兴产业之一，并出台《湖南省战略性新兴产业文化创意产业发展专项规划》；2012 年，颁布《中共湖南省委关于贯彻党的十七届六中全会精神加快建设文化强省的意见》。近几年来，湖南省委、省政府将文化产业创新发展，实施文化强省作为既定发展战略。由此，素来以"敢为天下先"著称的湖南人依托良好的自然基础、文化基础，打造起了一支"文化湘军"。

第一节　湖南文化产业资源禀赋

从文化资源对文化产业意义的角度出发，可将文化资源定义为人们从事文化生产、文化活动所必需的可资利用的各种文化生产要素。本书按照形式和内容对文化资源概念进行划分。按文化资源形式，本书将文化资源分为两类：物质文化资源与精神文化资源。物质文化资源指的是历史遗址遗迹、历史文化名城名镇、特色服饰、民间工艺品等。精神文化资源指的是语言、文学艺术、音乐舞蹈、神话传说、风俗习惯等。按文化资源构成分，文化资源可划分成历史文化资源、民族文化资源、宗教文化资源、地域文化资源等。文化资源高度丰富是湖南文化产业发展重要的先决条件。

一、物质文化资源

1. 遗址遗迹资源

遗址遗迹兼具历史价值和时代价值。湖南拥有丰富的文化遗址遗迹资源，省级以上重点保护的文物古迹就有 180 多处。其中举世闻名的革命文物纪念馆有 60 多处，古迹古建筑物 15 处，古遗迹古葬墓 29 处，长沙有汉代北津城遗址和天心阁古城，临湘有古县城遗址，汨罗市有春秋时代罗子国城遗址，桃园县有战国时代采菱城遗址，衡阳有西汉钟武县故城址、舜帝陵、炎帝陵等。此外还有近 20 处石刻，如祁阳有溪碑刻和浯溪石刻、郴州苏仙岭白麓洞石刻、永州柳子庙荔子碑、长沙麓山寺碑"三绝碑"等。100 多处名人故居和革命旧址，1 400 多处古窑遗址、古镇、古村、古城堡、古寺、塔、庙、殿、桥庭楼阁等。湖南作为有着 3 000 年悠久文化历史的中国首批历史文化名城，拥有国家重点文物保护单位 7 处，省级重点文物保护单位 42 处，各类历史遗迹遗存有 1 000 多处，马王堆汉墓曾震惊世界。厚重的长沙历史遗址遗迹每年也吸引了不少的游客。

2. 自然山水风光资源

自然风景旅游资源是指能让人们产生美感或兴趣的，是由独特地理环境或特有生物构成的自然景观。自然风景旅游资源是经长期的发育演变而形成，由某种主导因素的作用和其他因素的参与下形成的资源。

湖南的自然环境得天独厚。湖南的北面为洞庭湖，东西北三面则如同卷起的叶片，东面为罗霄山，西面是武陵山和雪峰山，南面是南岭。叶片的叶脉则是湖南的四水——湘、资、沅、澧。在四水经过的土地上是典型的红色土壤，层层梯田上生长着绿油油的庄稼，孕育着湖南多彩的民俗风情。这些遗产同时也是文化旅游业发展的资源优势。

湖南的自然和文化资源优势蕴藏着丰富的旅游资源。洞庭湖和岳阳楼"天水一色，气象万千"，南岳衡山"五岳独秀"，炎帝陵、舜帝陵是民族始祖，岳麓山、韶山、花明楼的人文和自然景观相互辉映；桃花源是陶渊明笔下的"世外桃源"；壶瓶山具有"亚欧大陆同纬度物种基因库"之称，马王堆汉墓和澧县城头山古城址。更不用说"世界自然遗产地"张家界。迄今，里耶古城、秦简等考古有重大发现；巧夺天工的"矮寨大桥"被誉为世界九大奇观，湘西古丈县的红石林，美得一塌糊涂的郴州高椅岭……每一处美景都以其独特的魅力吸引着人们，令人大开眼界，或叹为观止。湖南省有16处国家级风景名胜区，39处省级风景名胜区，40处国家森林公园，8处国家地质公园，18处国家级自然保护区，60处全国重点文物保护单位。湖南共有等级质量旅游区246家，其中5A景区7家，4A景区98家，风景名胜区、森林公园、国家地质公园、自然保护区众多。同时，湖南也是少数民族众多的省份之一，民俗风情浓厚，在全国乃至全世界都很出名，形成了湖南得天独厚的资源优势。

湖南拥有各具特色的山岳景观，全省有山岳景观250多处，著名山川包括南岳衡山、武陵源天子山、新宁崀山、宁远九嶷山、石门夹山、郴州五盖山、长沙岳麓山等，地貌也较为完备。此外，还有神奇绚丽的溶洞景观（共有溶洞2 400多处，规模宏大、开发价值高的有100多处，如有被国际溶洞协会确定为国际溶洞探险基地的桑植九天洞及冷水江波月洞、张家界黄龙洞、涟源双胜仙洞、郴州万华洞、攸县皮佳洞等，风景如画的水域景观（有著名的水域景观200多处；有秀丽的江河湖泊：猛洞河、茅岩河、湄江、遮水、洞庭湖、南湖、东江湖；有壮观的瀑布：吉首流纱瀑布、永顺王村瀑布等；已探明的冷热泉资源60多处，如宁乡灰汤温泉、汝城热水墟温泉、洞口冷热鸳鸯泉等）；有充满神奇的气候景观30多处（如"永州潇湘""武陵云海"炎陵"云秋雨雾"、桃源"漳江夜月"、永州"朝阳旭日"等）；有丰富多彩的生物景观（有野生植物种类248种，1 245属，约5 000余种，拥有的野生植物种数之多居全国第7位，属国家重点保护的珍、奇、古、稀动物76种，属国家重点保护的珍稀树种66种，有著名的生物景观50多处）。

二、精神文化资源

湖南的特色文化历史悠久，在很多人心中早已根深蒂固，为世人留下了许多宝贵的历史文化遗产。独特的旅游、文化资源是文化旅游品牌发展的最好突破口，湖南五块特色文化"金字招牌"，将世界目光吸引过来。

1. 红色文化资源

红色文化旅游已成为走向世界的一张亮丽名片。湖南是一片有着光荣革命历史的红色土地，是中国共产党和中国革命的重要策源地之一。秋收起义、湘南起义、平江起义等重大革命历史事件在这块热土上发生。湖南被誉为伟人故里，革命先驱有谭嗣同、黄兴、宋教仁、蔡锷等，革命领袖和将领有毛泽东、刘少奇、任弼时、彭德怀、贺龙、罗荣桓、粟裕、黄克诚等，近现代以来的巾帼英雄如向警予、蔡畅、杨开慧等都是湖南人。湖南红色旅游拥有韶山、花明楼、岳麓山、橘子洲等24个国家红色旅游经典景区，4条红色旅游精品线路，37个省级重点红色旅游景区。毛泽东故居、宁乡花明楼的刘少奇的故居，岳麓山的爱晚亭、清水塘纪念馆、橘子洲公园等，这些景点在中国都享有很高的知名度，为湖南打造红色旅游品牌打下了坚实的基础。红色文化滋养湖南生命力，催生湖南凝聚力，激发湖南创造力，培植湖南竞争力。红色文化在各个不同的历史时期激励着湖南人民永不自满、永不停息，不断地超越自我、创业奋进。

2. 民族民俗文化资源

丰裕的自然文化资源是湖南发展文化旅游产业的"先天"比较优势。素有"神秘湘西"之美誉的湘西北的张家界、凤凰等地，历史上为"五溪蛮"之地，位于湖南省西北部武陵山脉，而今成为人们前往的旅游地。湖南共拥有55个民族，是典型的多民族省份。汉、苗、土家、侗、瑶、回、壮、白族等9个民族世居于此，大多数居住在湘西、湘南和湘东山区。少数民族风情万种，尤其是苗族、土家族的民族异域风情，包括民歌、民服、民食、民居、民俗等在中国乃至世界都是一道独特亮丽的风景。此外，一大批著名湘籍歌唱家均是戏曲科班出身，如何纪光、李谷一、宋祖英、张也、陈思思、雷佳、王丽达等，也因此铸就了女歌唱家的"湖南现象"。民间工艺是文化和经济的双重载体，具有大众性、生活性、民俗的艺术性。民间工艺因民族文化传统，源远流长，具有极强的地域特征。民间工艺因地域文化的丰富多彩而各有千秋。湖南的湘绣、湘瓷、浏阳花炮、醴陵釉下五彩瓷等都享誉国内外，已然成了湖南最负盛名的文化名片。

3. 历史名人文化资源

湖湘文化的基本精神是"淳朴重义、勇敢尚武、经世致用、自强不息"，从古至今都是人才辈出。古有东汉造纸术发明家蔡伦、三国名将黄盖、唐代书法家欧阳询、北宋儒学大家周敦颐、明末清初思想家王夫之、清朝政治家曾国藩等，各行各领域都有湖南人的成就。近代中国政治人物中，湖南籍人士44人，居全国之首。有"开眼看世界"的陶澍、魏源；有"中兴将相"人才群体曾国藩、胡林翼、左宗棠、郭嵩焘；有维新运动顶天立地的"奇男子"谭嗣同、唐才常；有资产阶级革命派黄兴、蔡锷、陈天华、宋教仁、焦达峰；

更有著名的青年进步团体新民学会发起人毛泽东、蔡和森等。近代以来，湖南人在政坛上的地位日益显著。辛亥革命前后有以黄兴、宋教仁为代表的资产阶级革命派人物群体，以及新民主主义革命和社会主义建设时期以毛泽东、蔡和森、刘少奇为代表的无产阶级革命家人物群体。如果用"寥若晨星"形容湖南古代人物之稀罕，那么用"灿若繁星"来描绘近代以来湖南人物之兴盛就恰当不过了。1949 年中华人民共和国成立，第一届中央人民政府中，湖南人占到 19% 以上。1955 年被授予元帅、将军头衔的，也以湖南人居多。作为一种地域文化现象，湖湘文化已卓然独立于世。名人资源已经成为湖南的一笔巨大财富，是湖南文化资源中不可或缺且令人骄傲的一部分，同时因为名人众多也使得湖湘文化成为近代中国文明百花园中最为艳丽的奇葩。湖南作家在中国文坛长盛不衰，"文化艺术湘军"在中国文坛中有着突出地位。沈从文、周扬、丁玲、周立波、古华、莫应丰、谭谈、唐浩明、彭学明、韩少功、王跃文等一大批文坛巨匠在中国现当代文学有着突出贡献。可以说，湖南人才在近现代史上辈出，联袂而起、结群而强、闻名于世。

4. 古城古村落文化资源

湖南自古以来就是南北交通枢纽，又是历史悠久的文化宝地，全省古城古村落资源丰富，凤凰、张谷英村就是其中代表。2017 年 5 月底，"2017 最美古村落"榜单在第十三届文博会上发布，湖南共有 8 个古村入选，永州市江永县兰溪瑶族乡勾蓝瑶寨古村、郴州市永兴县高亭乡境内板梁村、永州市江永县城夏层铺镇上甘棠村、郴州市苏仙区坳上村、洪江市黔城镇黔阳古城、湘西州古丈县红石林镇、张家界市永定区王家坪镇石堰坪村、岳阳市岳阳县张谷英镇张谷英村、湘西州龙山县苗儿滩镇捞车河村、郴州市资兴境内东江湖、位于湖南省娄底市新化县西部山区紫鹊界梯田、永顺县东南部小溪自然保护区、永顺县芙蓉镇沅水上游酉水中段猛洞河。湖南作为鱼米之乡，水是人们剪不断，逃不掉的情感纽带。八百里洞庭的磅礴大气，湘江水的源远流长，沱江水的清澈悠远，白沙井的清冽甘甜。然而湖南的水不只是母亲河，也不只是情感纽带，它串联起的那一座座古村落，虽敌不过江南水乡，却有着湖湘特有的情怀与记忆。

5. 始祖文化资源

据考证，史前时期湖南地区就有远古人类活动，被称为中国农业文明始祖的炎陵神农氏墓葬在湖南炎陵，中华文明的始祖舜帝虞姚氏墓葬在湖南宁远。炎陵县将"打造炎帝旅游文化品牌"作为"旅游活县"战略中的特色名片之一。近年来，以炎帝陵全方位展示了祭奠文化、农耕文化及炎陵风情，成功举办了炎帝陵祭祖大典、海峡两岸炎帝神农文化祭等大型祭祖活动，使得炎陵"炎帝文化品牌"影响力不断提升，成功入围湖南文化旅游产业重点县。永州宁远打造独一无二品牌优势"舜文化"，将"旅游立县"列为全县重要的发展战略。着力修复扩建舜帝陵，成功打造了以"公祭舜帝大典"为载体的旅游文化活动品牌，使舜帝陵成为全球华人祭祖朝圣之地。

湖南文化资源极其丰富，而且资源辨识度非常高，引领性强，具有极强的感染力，容易产生人们的共鸣，在全国各省市中堪称特色独具。

三、湖南文化资源的独特价值

文化是湖南的名片。湖湘文化源远流长，底蕴深厚，是湖南文化产业发展得天独厚的优势。深厚文化资源在当代湖南文化产业建设中表现出强大的活力和鲜明的特点。

第一，湖湘文化心忧天下、家国情怀文化资源铸就了三湘儿女"先天下之忧而忧，后天下之乐而乐"的先进价值观念。这种理念与21世纪我国的文化强国战略、科技创新战略、"一带一路"战略等形成了深刻的契合。湖南人绵绵不绝的爱国主义、英雄主义情怀获得发扬，成为湖南文化创意内容的主旋律。

第二，开发深厚积累的传统文化遗产，创造出大量的优秀文化艺术产品。从诸子百家、屈原情怀，到程朱理学、岳麓书院、新民学会，中华民族的人文精神在这里获得绵绵不绝的传承，成就了"广电湘军""出版湘军"等文化创意产业的强大集群，为亿万人民实现"中国梦"提供了丰富的文化正能量。

第三，依托多元化的地理和人文资源，发展丰富多彩的文化创意产业体系。湖南从环洞庭湖流域到大湘南的民俗风情，从崛起的长株谭城市群到大湘西的秀丽山水，发展多业态、多品质、多层次的文化创意产业形态。湖南省委省政府先后出台了《关于进一步扩大消费需求的指导意见》《关于推进消费扩大和升级的意见》等政策文件，体现文化产业的惠民功能，提升民众文体消费热情。据统计，2017年，湖南城镇居民人均文教娱乐用品及服务支出达3 973元，是2010年的近2.8倍；湖南农村居民人均文教娱乐用品及服务支出达1 710元，是2010年的5.4倍。

第四，依托湘籍文化大师和名人资源，树立一大批领军人物形象。湖南文源深、文脉广、文气足。从炎帝舜帝到《离骚》《桃花源记》《岳阳楼记》，从汉墓、老司城、秦简、城头山到曾国藩、左宗棠，从毛泽东、刘少奇、彭德怀、胡耀邦到"超级水稻"……这些文化名人蕴含着博大精深的湖湘文化因素。湖南文化产业深入传承了这些文化大师和名人资源，在新的历史时期，涌现出一大批德艺双馨、甘于奉献的当代名家和一大批敢为人先、勇于探索的文化领军人物，湖南文化产业得以释放出强劲能量，形成影响广泛的"湖南文化现象"。湖湘文化中蕴含的优秀精华正在进一步被挖掘出来，成为不断增值的文化财富。

第五，依托率先开放的湖南文化精神，推动加快文化"走出去"步伐。在中国近代史上，湖南省就是得风气之先、唤起民众千百万的启蒙源头和先锋省份。在面对新常态，激发新动力、开发新模式的时代背景下，湖南省委宣传部通过借助深圳文博会、沪洽周、港洽周等大型文化经贸平台，组织湖南文化企业宣传推介湖湘艺术精品，并在港澳台、曼谷、巴黎、纽约等地积极开展"湖南文化走进世界"活动。大力推动湘瓷、湘绣、湘书、湘茶、湘影等文化产品走向海外，拓展"湘字号"文化产品的国际市场份额。

第二节 湖南文化产业发展整体概况

湖南文化底蕴深厚、创新精神强烈，省委省政府高度重视、大力支持文化产业发展，文化建设敢为人先，文化湘军一度创造了令人瞩目的"湖南文化现象"。

一、湖南文化产业发展状况

1. 文化创意产业总量稳步增长，形成规模优势

湖南文化产业规模扩大，增速较快。"十一五""十二五"以来，湖南文化产业取得了较快发展，文化产业在全省国民经济中的比重不断提高，在全国影响不断扩大。

2002 年，湖南省文化产业增加值仅为 128.69 亿元，仅占 GDP 的 3.1%。从 2004 年起，增加值占 GDP 比重在中部地区连续三年保持第一。2005 年全省文化产业增加值达到 271.77 亿元，占 GDP 总额的 4.2%，文化产业年均增长速度超过 20%。2007 年湖南省实现文化产业增加值 443.8 亿元，比上年增长 21.5%，占 GDP 比重为 4.9%。2009 年，湖南省统计局发布了该年度湖南省文化产业各项数据，全省文化产业的总产值为 15 594.26 亿元，增加值 682.16 亿元。2010 年湖南文化创意产业增加值仅 827.56 亿元，2011 年，湖南文化和创意产业增加值达 1 012 亿元，占 GDP 比重 5.2% 左右，对经济增长的贡献率达 8%，收入过亿元的文化企业达 110 个，利润过千万元的企业达 235 个。到 2014 年则达到 1 513.86 亿元，2010—2014 年年均增速达到 16.30%。2015 年，文化创意产业增加值达 1 707.18 亿元，占 GDP 的比重达 5.9%，比 2006 年的 337.89 亿元增长 5.05 倍，占 GDP 的比重提升 1.4%。2016 年全省文化创意产业实现增加值 1 911.26，占 GDP 的比重达 6.1%，

2017 年全省文化创意产业实现增加值2 112.08亿元，占 GDP 的比重达 6.2%。党的十九大以来，湖南认真贯彻落实党的十九大精神，大力实施省委"创新引领开放崛起"战略，全省文化产业发展质量效益不断提升，"稳中有进""进中有优""优中有新"。2018 年全省文化创意产业实现增加值2 916.26亿元，占 GDP 的比重达 6.35%，其支柱产业地位得到进一步巩固。与此同时，湖南文化产业影响力不断增强，在中国人民大学发布的"中国省市文化产业发展指数（2018）"位列综合指数第七，居中西部第一。根据湖南省统计局，中共湖南省委宣传部．湖南文化和创意产业发展统计概况的参考资料，2010—2017 年湖南省文化创意产业总产出、增加值和增加值占 GDP 的比重见图 1 –1 所示。

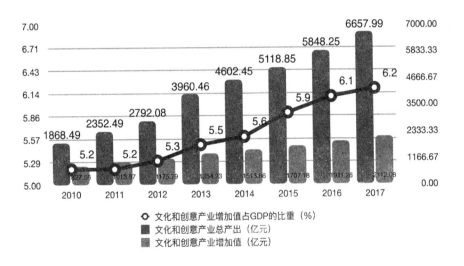

图 1 –1　湖南省文化创意产业总产出、增加值和占 GDP 的比重（2010—2017 年）

除了规模和增长率，湖南文化产业一系列指标都有显著变化。近年来，湖南文化和创意产业类别齐全，产业规模以上法人单位及从业人员数量突破新高。全省文化创意产业主体不断壮大，根据第三次全国经济普查结果，湖南共有各类文化市场主体 7.53 万户，其中文化产业法人单位近 4 万家，规模以上文化产业法人单位3 162家。全省文化创意产业的增长率连续多年保持了两位数的增长，从主要指标来看，高于全省其他产业的平均水平，对经济社会发展贡献持续稳定，成为全省国民经济的支柱产业、千亿产业和战略性新兴产业。

2. 文化投入力度持续加大

2016 年，全省固定投资中，用于文化和创意产业的投资 2 000.95 亿元，比上年增长 23.1%，是 2012 年的 2.25 倍；2013—2016 年均增长 22.4%，高出同期全部固定资产投资增速 5.0 个百分点。全省公共财政用于文化与传媒支出 154.99 亿元，是 2012 年的 2.8 倍，2013—2016 年年均增长 29.9%，高出同期公共财政支出增速 18.4 个百分点。2012—2016 年文化和创意产业投入情况如表 1-1 所示。

表 1-1　文化和创意产业投入情况（2012—2016 年）

指标名称	2012 年（亿元）	2016 年（亿元）	2013—2016 年年均增速（%）
全省固定资产投资额	14 576.61	27 688.45	17.4
文化和创意产业	890.98	2 000.95	22.4
全省财政公共预算支出合计	4 119.00	6 377.00	11.5
文化体育与传媒支出	54.50	154.99	29.9

民营文化产业加速发展、结构优化。以动漫、演艺、工艺美术为龙头的湖南民营文化产业强势推进，持续保持全国领先地位。宏梦卡通、拓维信息、山猫动漫、田汉大剧院、港岛演艺等企业收入、利润逐年大幅增长。演艺方面，2007 年，全省演出业总产出就达到 3 亿元。长沙田汉大剧院、港岛演艺中心等 6 家上规模的歌厅年接待观众约 170 万人次，营业收入过亿元。《天门狐仙·新刘海砍樵》《魅力湘西》等几台大型旅游文艺节目一面世就迅速打开市场。工艺美术方面，湖南湘绣年均总产值 4 亿元以上，上缴税收 3 000 多万

元。根据湖南省第二次经济普查资料显示，文化产业企业法人单位的实收资本由国家投入的资本占 20.5%，比第一次经济普查下降了 16.5 个百分点；民营投入的资本占 50.8%，比第一次经济普查提高了 30.6 个百分点。民营文化的加速发展，推动了投资主体多元化，形成了国有和民营共同发展、优势互补的文化产业新格局。①

3. 文化消费快速提升

2016 年湖南城镇居民人均文教娱乐支出 3 406 元，同比增长 16.1%，是 2012 年的 1.96 倍，年均增长 18.3%，其中人均教育支出 1 892 元，同比增长 12%；人均文化娱乐支出 1 514 元，同比增长 21.7%。农村居民人均文教娱乐支出 1 477 元，同比增长 15.7%，是 2012 年的 3.69 倍，年均增长 38.6%，其中人均教育支出达到 1 103 元，同比增长 13%；人均文化娱乐支出 374 元，同比增长 24.6%。城、乡居民教育文化娱乐支出占生活消费支出的比重，分别由 2012 年的 11.9% 和 6.8%，提高到 2016 年的 15.9% 和 13.9%，所占比重分别提高 4.0 个和 7.1 个百分点。作为文化消费的风向标，全国电影消费经历了从爆发式增长到断崖式回落的冰火两重天，但本省仍保持高速增长。2016 年，湖南省实现电影票房 12.9 亿元，同比增长 14.52%；观影人次 4 150 万，同比增长 21.25%，增速均高于全国平均水平（2016 年全国电影总票房为 457.12 亿元，同比增长 3.73%；观影人次 13.72 亿，同比增长 8.89%）。

4. 湖南文化综合实力位居全国前列

总体来看，湖南文化创意产业发展速度要高于全国平均水平，是全国千亿级的省份之一。2017 中国省市文化产业发展指数结果表明，北京凭借文化产业影响力和驱动力的优势依旧处在第一的位置；上海凭借文化产业的社会影响、市场环境和公共环境的优势 2017 年排名第二；湖南通过加大文化资源

① 数据来源：湖南省统计信息网 http：//www. hntj. gov. cn/fxbg/2010fxbg/2010jczx/201011/t20101110_ 81386. htm，2013 年 8 月 1 日。

投入和提升社会影响排名第七；综合指数排名前十的省市中，除四川、湖南以外，其余省市都位于东部地区。2017 年湖南与全国规模以上文化产业企业营业收入构成（按十大类别分）见表 1－2。从综合指数来看，2018 年北京凭借文化产业影响力和驱动力的优势依旧处在第一的位置；浙江在文化产业生产力和驱动力方面上升较快，首次排名第二；湖南在影响力和生产力方面表现良好，连续两年排名第七；重庆在驱动力和社会影响方面有了一定改善，2013—2018 年来首次进入前十名。

表 1－2　2017 年湖南与全国规模以上文化产业企业营业收入构成（按十大类别分）

类别名称	湖南			全国		
	绝对额（亿元）	比上年增长（%）	构成（%）	绝对额（亿元）	比上年增长（%）	构成（%）
新闻出版发行服务	143.33	－2.2	3.3	3 566	7.2	3.9
广播电视电影服务	170.48	11.5	3.9	1 749	6.1	1.9
文化艺术服务	25.57	55.5	0.6	434	17.1	0.5
文化信息传输服务	70.2	8.5	1.6	7 990	34.6	8.7
文化创意设计服务	263.15	9.5	6	11 891	8.6	12.9
文化休闲娱乐服务	56.43	29.6	1.3	1 545	14.7	1.7
工艺美术品的生产	448.36	13.2	10.2	16 544	7.5	18
文化产品的辅助生产	507.9	14.6	11.6	9 399	6.4	10.2
文化用品的生产	2 577.64	12.2	58.8	33 665	11.4	36.6
文化专用设备的生产	122.17	13.6	2.8	5 168	3.7	5.6
合计	4 385.23	12.2	100	91951	10.8	100

2017 年，全省规模以上文化产业企业3 162家，比上年同期增加 465 家，同比增长 17.2%。据对上述企业调查，2017 年，全省规模以上文化产业企业实现营业收入4 385.23亿元，同比增长 12.2%，高出全国平均增速 1.4 个百分点。与上年同期增速相比，提高 2.5 个百分点。2017 年以来湖南与全国规模以上文化产业营业收入增速如图 1－2。

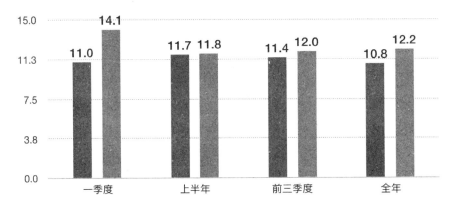

图 1-2 2017 年以来湖南与全国规模上文化产业营业收入增速

二、湖南文化产业发展的特色

1. 铸就品牌，出影响力

湖南文化创意成果总量和质量位居全国前列。近些年，"湖南文化现象"令人瞩目，以"广电湘军""出版湘军""动漫湘军""娱乐湘军""创意湘军"为核心阵营的"文化湘军"品牌集群稳步崛起。湖南着力打造自己的文化品牌，充分展现出文化产业的"魅力"和"品位"，品牌影响力让湖南赢得"文化强省"的美誉，成为全国文化产业发展的"种子选手"。原创首发、形式新颖、影响广泛的文化品牌建设成就斐然。根据《中国文化品牌报告》，截至 2015 年，"湘字号"文化品牌达 42 个，占全部文化品牌的 16.2%。文化领域的中国驰名商标突破 5 个，湖南著名商标达 30 个以上，共有 11 家文化企业获得"国家文化产业示范基地"称号。近年来，湖南日报社获评"中国品牌媒体党报品牌 10 强"；湖南广播电视台连续 5 年入选世界品牌实验室发布的《亚洲品牌 500 强》；湖南出版投资控股集团列全球出版企业第七位；中南传媒、电广传媒连续 8 年获评中国文化企业 30 强。市场份额不断提升。湖南卫视收视率在全国省级卫视中一直名列前茅，湖南的动漫产业原创作品生产量在全国居于前列，湖南图书出版在古典文学、科普、护理医学、作文的市场占有率长期位居全国第一，浏阳烟花爆竹在国际上占有重要的位置，占有国际市场 50% 左右的份额，产品出口到美洲、欧洲、东南亚等地的 100 多个国家和地区，在国内形成可推广和复制模式。

2. 坚持改革创新，不断解放和发展文化生产力

文化产业没有现成经验可以借鉴，只有让各个层面发扬改革创新精神，勇于实践，大胆探索，不断创新，才能为产业发展提供源源不断的动力，从而闯出新路子。一是全面推进文化行政和综合执法改革，合并成立文广新局，组建文化市场综合执法机构。二是大力推动国有文艺院团改革。全省 90 家国有文艺院团，除确定 5 家保留事业单位外，85 家需要体制改革的院团全面完成。三是积极推进广电改革创新。早在 1996 年，湖南经济电视台的组建就拉开了湖南广播电视业新一轮改革的序幕。该台一经成立就面向市场，实行全员聘任制，探索全新的分配激励机制，实施品牌战略。1999 年湖南电广传媒挂牌上市，湖南广播影视进入资本运营阶段。2009 年，湖南广电迈出政企分开、政事分开、事企分开的步伐。在网络整合方面，按照全省一张网的要求，全部进入湖南有线网络股份有限公司。每一次改革都推动湖南广电跨上一个新台阶。可以说，没有改革创新，就没有湖南广电的今天。四是不断推动出版发行改革。在成功实施以政企分开，管办分离为主要内容的出版发行管理体制改革后，湖南出版投资控股集团重塑市场主体，转换经营机制，激活了发展潜力，提升了竞争能力。2010 年，中南出版传媒集团股份有限公司成功上市，使集团发展迈入了一个快速发展的轨道。五是优化国有文化资源配置。按照政府推动与市场主导相结合、壮大规模与提升效益相结合的原则，湖南遵循文化产业发展规律，推动国有文化资源整合重组。2015 年，组建湖南日报报业集团有限公司、湖南广播影视集团有限公司、湖南出版投资控股集团有限公司、潇湘电影集团有限公司、湖南体育产业集团有限公司、湖南广电网络控股集团有限公司、湖南演艺集团有限公司、湖南教育报刊集团有限公司。通过将国有文化资源向优势企业集中，发挥后者的品牌、资本、人才、

管理、市场、技术优势，进一步放大国有文化资源的优势和规模效应，减少同质同构恶性竞争，最大化地发挥国有文化资源的能量，实现国有文化资产的保值增值。2018 年，根据《广电、出版等省管企业改革重组方案》，8 家省管国有文化企业整合为 5 家。其中重新组建湖南广播影视集团党委，对湖南广播影视集团和潇湘电影集团、湖南广电网络控股集团实行统一领导；撤销湖南教育报刊集团，将其经营性业务分别整合到湖南出版投资控股集团和湖南发展资产管理集团，其受委托代行的公益性事业职能回归省教育厅所属事业单位。

3. 多元发展，创造活力

湖南出台一系列措施积极调整文化产业所有制结构，鼓励社会力量办文化企业，呈现出国有和民营文化企业平等竞争、相互促进、共同发展繁荣的崭新格局。非公有制文化经济发展成为各方关注的焦点，也成为促进文化产业发展的一个重要突破口。鼓励和支持非公有制文化企业发展。湖南省委省政府先后印发《关于深化文化体制改革、加快文化事业和文化产业发展的若干意见》《湖南省文化产业振兴实施规划（2010—2012 年)》《湖南省人民政府关于加快文化创意产业发展的意见》《关于进一步支持经营性文化事业单位转企改制和文化企业发展的若干政策》等政策文件，鼓励民间资本进入文化产业领域，这使得全省民营文化企业在文化领域中比重逐年攀升，拓维信息成为"中国动漫第一股"，天舟文化成为"中国民营书业第一股"，邵东永吉红包占领全国 70%以上市场等等。2016 年，在湖南规模以上文化企业中，民营控股企业占据 76.6%，非公有制文化企业增加值占全部文化产业增加值的1/3，就业人数占全部文化产业就业人数的2/3。搭建文化众创平台与文化众创空间。湖南省政府办公厅印发《湖南省发展众创空间推进大众创新创业实施方案》，提出对接中央和省委省政府"互联网＋"行动计划，鼓励"大众创业、万众创新"，打造一批优秀的创意创客平台。近年来，湖南省科技厅启动众创空间建设试点，全省共有 8 家创新创业服务平台因为基础较好而获得了首批支持，率先在文化传媒、互联网应用、工业设计、智能控制等领域构建在全国有影响力的示范基地，形成对全省构建众创空间的示范带动效应。长沙市成功入选国家 2015 年小微企业创业创新基地示范城市，建立了长沙市图书馆创客空间、朝阳电子科技街等闻名全国的文化创客空间。2017 年长沙当选东亚文化之都，2018 年长沙当选媒体艺术之都。

4. 融合发展，增强驱动力

近年来，湖南在着力推进文化产业与相关产业深度融合发展上，取得了显著成效，推动了相关产业结构调整与转型升级。推动文化与旅游产业融合发展。近年来，按照省委省政府的统一部署，湖南省委宣传部以文化旅游特色产业为抓手，深入挖掘湖湘文化资源，大力推进文化与旅游深度融合，取得了良好效果。省委宣传部先后与省旅游局、省发改委共同制定出台了《湖南省红色旅游发展专项规划（2006—2015）》《大湘西生态文化旅游圈旅游发展规划（2011—2020 年）》《大湘西文化旅游融合发展融资规划》《大湘西地区文化生态旅游融合发展精品线路建设总体工作方案》《大湘西文化旅游产业融合发展推进会》等系列文化旅游专项规划的顶层设计和会议。在过去 10 年间，全省重点扶持了洪江古商城等 11 个大湘西文化旅游产业项目，打造了《天门狐仙·新刘海砍樵》《张家界·魅力湘西》等旅游演艺精品节目，凤凰县、新宁县、炎陵县等 13 个县入选全省文化旅游产业特色县，重点开发保护老司城、里耶古城等一批文化旅游资源，其中老司城遗址成功入选世界文化遗产名录，实现湖南省世界文化遗产零的突破，大湘西文化旅游已成为湖南文化产业发展新的增长极。2018 年，省委宣传会同省发改委、省旅游局共同规划建设湖南 12 条文化旅游精品线路，推出 28 个湖湘风情文化旅游小镇。湘潭被批准为全国红色旅游融合发展示范区和全国红色旅游国际合作创建区。这一系列举措，为湖南文化旅游产业融合发展奠定了坚实的基础，推动了文化与科技融合发展。湖南省委省政府先后出台了《湖南省战略性新兴产业文化创意产业发展专项规划》《创新型湖南建设实施纲要》，把文化创意产业列入七大战略性新兴产业之一，文化科技融合发展载体建设得以积极推进，文化与科技融合发展的服务体系得以有效健全，这些举措有力地促进了文化与科技创新的联谊联姻。2014 年 4 月，湖南专门召开了文化与科技融合发展第一次联席会议，研究公布了第一批文化与科技融合发展重点扶持单位名单，涌现出天闻数媒、中广天择、华声在线、芒果传媒、青苹果数据、华凯创意、明和光电等一批在全国"叫得响"的文化科技企业和快速增长的新兴文化业态。一批重大技术研发取得突破，为文化产业发展提供了强有力的技术支撑，进一步提高了文化产品的吸引力、表现力和感染力。与此同时，湖南出台《关于推动传统媒体和新兴媒体融合发展的实施方案》，支持华声在线"新湖南"客户端、红网"时刻"新闻客户端、芒果 TV 等新媒体平台做大做强，推动其建设成为在全国有重要影响的新型主流媒体集团。新兴文化业态不断催生并实现跨越式发展，文化与金融、科技、旅游的融合力度不断加大，呈现出多向交互融合态势，文化产业人均创造增加值达到社会平均水平的 1.77 倍。近年来，湖南数字媒体、文化电商等新兴文化业态发展较快，是成为继广电、出版、演艺、动漫等传统优势产业的重点发展产业。湖南数字媒体搭建华声在线数字平台，强化湖南日报客户端"新湖南"作用，将湖南日报报业集团建设成为全国有重要影响的新型主流媒体集团。"新湖南"定位为省宣传省委省政府重要政策的主平台，发布湖南信息的主窗口，推介湖南形象的主阵地，引导重大舆论的主渠道，将其打造成具有公信力和影响力的主流移动新闻门户、权威观点引擎、聚合信息平台。数字媒体建设以办好"芒果TV"为引擎推动湖南广播影视集团成为国内领先、具有国际影响力的大型媒体集团。打造互联网媒体企业龙头，实施"视频互联网＋"的基本方位战略，以"芒果独播"为先导突进策略，建构起强大的"一云多屏＋一云多景"视频运营体系，形成丰富多样的新兴主流网络媒体内容产品体系。数字媒体建设还将红网建作为重点，打造湖南出版投资控股集团融合发展的主流数字媒体集群。进一步强化红网的党网地位，推动红网"时刻"新闻客户端建设，打造成拥有千万用户的新型"互联网＋"现代传播体系和信息服务体系，启动"红网视窗"全省户外高清大屏联播网，实现全省同步高清播出。天闻数媒、湘教传媒等融合发展的数字教育平台，快乐老人报与枫网等融合发展的老人康养产业大数据平台，实现多媒体呈现、多渠道传播、多功能服务组合模式，形成全国领先、具有强大市场竞争力和影响力的新型主流媒体集群。"新湖南"客户端上线一年多下载量突破1 400万，居全国党报新闻客户端第一方阵；芒果TV互联网电视和手机客户端点播量上升至10亿级，其中"芒果TV"全终端独立访问量日均超过4 300万，是排名前五位中唯一的国有控股新媒体平台；红网PC端、"时刻"新闻客户端被国信办列入全国五家重点客户端，其手机报、微博微信集群等总用户数达3 000万，2016年上半年全国地方新闻网站核心影响力红网排名第一。①

三、湖南文化产业发展的困惑

近年来，湖南文化产业领域正在发生广泛而深刻的变革，进一步推动湖南文化创意产业加快发展、转型发展、创新发展，既具备许多有利条件和难得机遇，也面临一系列新情况新问题。

1. 文化产业的内部结构不够优化

经过国家认定，2015年湖南文化产业制造业、批发零售业和服务业占全部文化产业增加值的比重分别为68.7%、5.3%和26%，而全国的比重分别为40.6%、9.3%和50.1%。湖南文化产业制造业的比重超过全国平均水平28.1%。相比之下，北京、上海等发达地区的文化服务业所占比重都超过了全国平均水平，如上海达到71.9%，特别是上海的文化创意和设计服务、文化信息传输服务等中高端服务业的增加值分别达到789.43亿元和208.49亿元。从文化产业的内部结构上看，湖南省文化制造业内部结构较为单一，而且劳动力密集型和初级资源密集型所占比重比较大，比如鞭炮烟花产品占全部文化制造业比重达到40.4%，相比之下，广东省的文化制造业结构比较多样化，主要门类包括：玩具制造、珠宝首饰及有关物品制造、电视机制造、音响设备制造、影视录放设备制造等。其中技术密集型和资金密集型的门类

---

① 本节内容参考作者所著《湖南文化改革发展10年：回顾与展望》一文。

在全国占有比较明显的规模优势，其中玩具制造业增加值达到 316 亿元、珠宝首饰及有关物品制造增加值达到 249.3 亿元。这说明：湖南省文化产业不仅仅要做大，更要做优，要把产业结构的调整列为重要任务，推动技术密集型、资金密集型、创意密集型的产品和服务成为主要门类。

2. 文化产业主体发展不够足

从湖南文化产业十大行业类别来看，行业分化比较严重，总体呈现"九升一降"态势，文化创意和设计服务业和文化信息传输服务业等新型文化产业发展不充分，增速较低，位次靠后，文化产业主体发展不够充足。2015 年、2016 年文化和创意产业增加值行业结构百分比分别见图 1-3 和图 1-4。2017 年，湖南文化信息传输服务业占比仅为 1.6%，文化创意和设计服务业占比仅为 6%，比全国平均水平分别低了 7.1 和 6.9 个百分点。与全国平均增速相比，湖南文化创意和设计服务业实现营业收入增速，略高于全国平均增速（8.6%）0.9 个百分点，但文化信息传输服务业收入增速，比全国平均增速（34.6%）低了 26.1 个百分点。文化产业行业分化，特别是新兴文化产业发展还不充分导致作为文化产业主体的文化产品的生产占比不高。

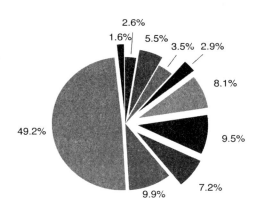

图 1-3 2015 年文化和创意产业增加值行业结构（%）

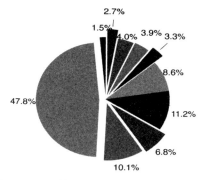

2.7%
1.5%
4.0% 3.9% 3.3%
8.6%
47.8%
11.2%
6.8%
10.1%

● 新闻出版发行服务2.7%   ● 广播电视电影服务4.0%   ● 文化艺术服务3.9%
● 文化信息传输服务3.3%   ● 文化创意和设计服务8.6%   ● 文化休闲娱乐服务11.2%
● 工艺美术品生产6.8%   ● 文化产品的辅助生产10.1%   ● 文化用品的生产47.8%
● 文化专用设备的生产1.5%

图 1 - 4   2016 年文化和创意产业增加值行业结构（％）

3. 要素供给不足给文化产业带来新的瓶颈

要素供给是文化创意产业发展的必要保障，湖南文化要素市场特别是高端要素市场存在不足。资本要素方面，联合利国产权交易所、湖南文化艺术品产权交易所等交易平台虽然能够为文化投融资提供一定的支撑，但银行等金融机构授信额度非常有限；人才要素方面，据湖南省文化厅 2016 年数据显示，乡镇综合文化站工作人员中，具备与文化工作相关的专业学习经历的占比仅22.8％，具有专业技术职称的仅17％，地方需求艺术骨干人才锐减至200 余人；政策要素方面，现行的 240 多部现行法律中，文化类法律只有 5部，许多长期性、普遍性、顽固性问题亟须通过立法来解决。现行已出台的政策性文件刚性约束不强，相关单位事权责任不明晰，各级政府和有关部门在落实上还缺少合力，文化发展中存在人人有责却无人担责、多头管理却无人管理的问题。

第三节   湖南文化产业发展趋势及政策要素建议

湖南文化改革发展虽然取得了不俗的成绩，但我们仍然要重视当前湖南文化产业发展中凸显的产业结构不尽合理、区域发展不平衡、供给侧改革乏力、创新能力不足等一系列深层次矛盾和问题，把握文化产业发展机遇，认清发展形势，加快湖南文化产业高质量发展，将"文化湘军"这块招牌擦得更亮。

一、湖南文化产业发展机遇

1. 时代机遇

随着文化软实力作为国家软实力重要的组成部分在综合国际竞争中的地位和作用越来越突出，各国开始培育和提升文化软实力并取得了良好成效。自 2008 年国际金融危机以来，主要发达国家纷纷调整战略方向，力图通过创新来摆脱危机，实现重生。它们把研发投入即 R&D（Research and Development）、创新开发和人力资本等纳入国民经济统计核算体系，相继出台指导性的创新战略。环顾世界，创新已成为新一轮全球竞争的制高点，堪称"无创新，不强国"。如欧盟出台了《欧洲 2020 战略》，德国出台了《德国高技术战略 2020》《2014 德国工业 4.0 版》，英国推出《以增长为目标的创新与研究战略》，日本推出《创新 2025 计划》，等等，其力度之大，堪称有史以来新一轮的创新创业浪潮。其中美国是引领全球创新浪潮的先锋，在 2009 年、2011 年和 2015 年连续出台三版《美国创新战略》，形成美国新一轮创新创业战略的前瞻性整体布局。例如，《美国创新战略：确保经济增长与繁荣》（2011 版）突出了三大重点：第一，投资于创新创业的基础要素和基础设施，强调人才、科研和基础设施是创新和创业的基石，实施全球高层次的人才培养和引进计划。第二，培育刺激创新和创业的高效竞争市场，要求美国政界、企业界、科技界合作，从资本获得、创新资助、集群发展等方面推动创新和创业；从微观角度激活创新主体，全面实施《中小企业工作条例》，加强政府对创新型中小企业的政府采购和扶持等。第三，大力培育新一代的科技力量，美国文化创意产业的跨国公司如迪士尼、苹果、亚马逊、Netflix、Pixar、Google 等成为科技与文创融合的排头兵。

随着我国经济的逐步崛起并在第三次科技革命中扮演越来越重要的角色，国内市场也越来越成熟，相关产业越来越发达，资本越来越充裕，创新人才和团队不断形成，互联网蓬勃发展也为国内文化产业的发展创造了条件。这些有利因素都为湖南文化产业发展提供了良好机遇。

2. 历史机遇

作为生产性服务业，文化创意与制造业、科技、金融、信息化、农业等相关产业融合发展态势明显，湖南文化创意产业将面临"互联网＋""一带一路"以及"四化两型""三量齐升"等重大历史发展机遇。"互联网＋"技术革命形成产业发展支撑。从3G到5G，以数字技术为标志的移动互联网大时代已经来临，"互联网＋"模式可以有效提升文化产品创新能力，为文化编创、设计、翻译、配音等提供技术支持。"互联网＋"推动信息流通与远程监管便利化，将有效拓展文化发展合作平台，促进文化生产主体、经营销售主体与消费者之间的互动，为文化市场空间拓展与消费便利化提供技术支撑，形成新的文化生态链。"互联网＋"激发制造业、现代服务业、现代农业的文化需求，促进文化要素与其他行业整合，将在文化产业与关联产业之间形成合作链条，进而延伸文化生产链条。"互联网＋"将在更大范围、更深层次对文化领域产生革命性影响，对湖南抢占文化发展的制高点形成有效的支撑。随着"一带一路"倡仪的进一步深入推进，势必为湖南文化创意产业在更大范围、更深层次进行资源整合、参与国际国内合作提供机会，为文化创意产业"走出去"提供平台与支撑。"一带一路"建设伴随着国家对文化产品和服务出口支持力度的加大，有利于湖南获取境外文化贸易基地、拓展文化产品出口等方面的支持，有利于文化企业在境外新设、收购、合作设立企业，开拓境外市场，有利于文化企业获得参加境内外国际知名展会和对接洽谈活动的支持。"一带一路"建设会形成一个跨区域合作平台，为湖南文化企业利用和吸收国外资金和先进技术，提高文化技术水平提供便利。为湖南吸引具有国际影响力的以及行业带动性的外向型文化企业、文化机构入驻提供机遇，对推进湖南文化贸易纵深发展是一个难得的发展机遇。

3. 政策机遇

当前国内文化大发展大繁荣的政策环境正在形成。党的十七大、十八大及十八届三中全会一再强调发展文化产业的重要性，党中央、国务院先后出台了一系列支持文化改革和发展的政策。2011 年初，《国家"十二五"规划纲要》颁布，其中提出，"十二五"期间，我国要把文化产业作为国民经济的支柱型产业，以此来增强文化产业的整体实力和竞争力。2011 年年底，党的十七届六中全会审议通过《中共中央关于深化文化体制改革、推动社会主义文化大发展大繁荣若干重大问题的决定》，再次提出要推动文化产业跨越式发展，构建现代文化产业体系。2012 年 11 月，胡锦涛在十八大报告中提出，要扎实推进社会主义文化强国建设，推动文化事业全面繁荣、文化产业快速发展，2013 年，党的第十八届三中全会指出，要建立健全现代文化市场体系。湖南省方面，近年来，湖南省委省政府高度重视文化发展工作，制定了一系列扶持文化发展的政策措施。包括《中共湖南省委、湖南省人民政府关于深化文化体制改革、加快文化事业和文化产业发展的若干意见》（湘发〔2007〕17 号）、《湖南省"十一五"时期文化产业发展规划纲要》（湘办发〔2007〕16 号）、《湖南省文化产业引导资金管理办法》（湘财教〔2008〕52 号）、《关于在推进湖南文化体制所改革中加强国有文化资产管理的通知》（湘财资〔2008〕12 号）、《湖南省文化强省战略实施纲要》（湘文改发〔2008〕2 号）、《关于进一步加大金融支持力度推动文化产业加快发展的指导意见》（长银发〔2009〕66 号）、《关于加快推进试点地区文化体制改革工作的若干意见》（湘宣字〔2009〕28 号）。2010 年《湖南省文化强省战略实施纲要（2010—2015年)》出台，对"十二五"时期湖南文化体制改革工作做出了全面部署，文化行政管理体制改革和文化市场综合执法改革、国有文艺院团转企改制、"三网融合"等重点改革任务全面铺开。2012 年《中共湖南省委关于贯彻党的十七届六中全会精神加快建设文化强省的意见》提出，要力争在建设社会主义文化强国中走在全国前列，不断解放和发展文化生产力；2014 年出台《湖南省深化文化体制改革实施方案》，根据这一方案，截至 2020 年，湖南省须完成 15 个大项、60 个专项的改革，涉及宏观管理、运行机制、政府职能转变、市场主体重建等多个方面。2015 年出台《深化省管国有文化资产管理体制改革方案》（以下简称《方案》），《方案》着力推动建立健全管人管事管资产管导向相统一的国有文化资产管理体制，大力优化国有文化资源配置，在全国率先建立省级国有文化资产监督管理委员会，将省财政厅归口管理的省级国有文化企业资产监督管理领导小组办公室划归省委宣传部。《方案》提出，进一步推动国有文化资源集中，加快整合重组和机制创新，以充分发挥龙头企业在创意、人才、资本、平台、管理、技术等方面的优势。组建了省新闻出版广电局，成立了省国有文化资产监督管理委员会，并授权该委员会履行省属国有文化企业出资人职责，负责监管整合重组后的湖南日报报业集团有限公司、湖南广播影视集团有限公司、湖南出版投资控股集团有限公司等八大国有文化产业集团，进一步优化了文化产业结构，壮大了国有文化企业规模，增强了文化产业实力。2018 年省委省政府出台《关于加快文化创新体系建设的意见》，从五个方面对湖南省文化创新体系建设进行布局，涉及 26 个方面的重点工作。

4. 市场机遇

湖南文化市场有其独特性，文化消费能力强劲，以长沙为例，近几年长沙推出了网络直播、移动支付、互动交友等"互联网＋"新玩法，"玩"者甚众。2015 年年底，华强集团"美丽中国·长沙文化产业示范园"、华谊兄弟长沙电影文化城、长沙新华联铜官窑国际文化旅游度假区三大文化产业项目相继在长沙开工，总投资超过 300 亿元，三大项目成为长沙娱乐休闲与文化体验一体的旅游新标杆。强劲的文化消费拉动了长沙文化产业的转型升级、创新发展，文化消费与群众的幸福指数密切相关，长沙已连续八年入围全国十大幸福城市，其幸福感很大一部分源于市民精神文化生活的提高、群众获得感的增强。长沙紧紧抓住"第一批国家文化消费试点城市"的大好机会，也借助申报"东亚文化之都"和"媒体艺术之都"之机，大力力推进了了文化事业发展和文化产业转型升级。2016 年年，长沙获批"第一批国家文化消费试点城市"。同年年也荣获"东亚文化之都"称号。2017 年年，"媒体艺术之都"花落长沙。

二、湖南文化产业面临的现实挑战

经济增长减速、消费需求趋于保守、社会资本流动缓慢将会传递到文化创意产业，对其平稳较快增长将产生影响和波动，带来不小困难。湖南文化创意产业需要把握形势发展的新要求，抓住和用好机遇，正视和应对挑战，才能不输在新一轮发展的起跑线上。

1. 区域竞争日趋激烈，给文化产业发展带来新的压力

我国文化创意产业发展呈现出"东强中赶西进"，即东部省（市）全面领先，中部省份赶超发展，西部地区加速前进的发展态势，湖南文化创意产业总量上与上海、浙江等省份相差不大，但广东、北京、江苏等地文化创意产业规模要明显大于湖南，2017 年，文化产业增加值过千亿元的省份已有 10 个，分别为广东、江苏、山东、浙江、北京、上海、湖南、四川、河南和福建，这 10 个省（市）文化产业增加值总和占全国总量的 74.25%。国家统计局对全国规模以上的文化产业及相关产业的 5.9 万家企业进行调查，2018 年东部地区规模以上文化及相关产业企业实现营业收入68 688亿元，占全国77.0%；中部、西部和东北地区分别为12 008亿元、7 618亿元和943 亿元，占全国的比重分别为 13.4%、8.5% 和 1.1%。从增长速度上看，西部地区增长 12.2%，中部地区增长 9.7%，东部地区增长 7.7%，东北地区下降 1.3%。全国规模以上文化企业 6 万家，比 2017 年增长5 000多家（戴俊骋、孙东琪、张欣亮：《中国区域文化产业发展空间格局》，《经济地理》，2018，（09））主要集中在发达省份。

2. 创新发展模式给文化产业带来严峻挑战

当今时代是信息时代，科技、细心、技术正深刻地改变着人们的生产方式、生活方式和思维方式，以数字技术为标志的移动互联网大时代已经来临，这将进一步催生新兴文化业态和新的表现形式，也给传统文化产业发展模式带来严峻挑战。湖南文化产业结构不尽合理，传统产业比重高，新兴产业发展不快，国有文化企业发展较好，民营和小微文化企业发展相对滞后，创新能力存在不足，创新型人才、平台载体与"文化强省"建设不相匹配。湖南文化产业既需要坚持"内容为王"，防止技术崇拜陷阱，又需加快文化与科技的融合发展，掌握文化发展和文化传播主动权。能不能顺势而为，既巩固壮大广电、出版等传统产业优势，又积极发展文化创意、数字出版、手机电视、网络电视等新兴产业，是湖南文化创意产业面临的严峻挑战。

三、推动湖南文化产业高质量发展的对策建议

湖南文化产业加快高质量发展，"文化湘军"这块招牌要想擦得更亮，就必须用更广阔的视野，在更高的起点制定湖南文化产业发展规划，以更高的要求研究文化产业发展的举措，以有效的措施破解文化产业发展的瓶颈，切实转变文化产业发展的方式，大力创新文化产业的业态，以更高的使命感推动湖南文化产业发展具有重大国际影响力，继续走在全国前列。

1. 着力推进文化创新体系建设，释放发展新动能

近年来，湖南文化建设取得重大进展，文化产业支柱性地位日益凸显，文化软实力和文化影响力大幅提升，但仍存在文化发展不平衡、不充分，文化创新能力不强等问题，以创新为抓手破解文化发展难题，成为推动湖南省文化大发展大繁荣的必然选择。一是加快构建文化精品创作体系。赋予湖湘文化新的时代内涵，推进哲学社会科学创新发展，激发文艺原创活力，大力发展网络文化。二是加快构建现代传播体系。提高国内外、省内外对外传播

水平，需要推进媒体深度融合，加强新闻舆论工作。三是加快构建现代公共文化服务体系。构建现代公共文化服务体系的重点是要加强公共文化基础设施建设，搭建"十五分钟文化圈"和"家门口文化服务圈"，大力推进公共文化服务数字化信息化建设，切实深化公共文化服务管理体制和运行机制改革。四是加快构建现代文化产业体系。加快建设国际新型影视创意中心，建设数字出版高地，建设现代创意设计集聚区，建设非物质文化遗产生产性保护基地。五是加快构建现代文化市场体系。加快马栏山视频文创产业园建设，支持长沙世界媒体艺术之都建设，做强做优一批文化企业，实施重大文化产业项目带动，培育文化金融合作新模式，拓展对外文化贸易，促进大众文化消费。六是重点构建现代文化产业体系。用文化与技术融合发展；重点支持全国移动互联网创业"第五城"建设，充分发挥"互联网＋"的开放创新优势，调动全社会力量，支持文化产业领域内创新工场、创客空间、社会实验室、智慧小企业创业基地等新型众创空间发展。持续开展省级特色文化产业示范基地和园区的评选活动，推动湖南长沙天心文化产业园、湖南（昭山）文化创意产业园、湖南（益阳）工艺美术创意设计园、长沙后湖文化艺术园等重点园区的建设发展。

2. 坚持融合发展、大力发展"文化＋"，拓展发展新空间

继续坚持融合发展，深入推进实施"文化＋"行动，推进文化深度融合，形成融合、联动发展的产业氛围，旅游、科技、金融、现代农业、体育等重点产业深度融合。一是推动传统媒体与新兴媒体的深度融合。支持广电打造视频新媒体标杆，做优做强芒果 TV。探索互联网视听内容开发和服务新技术，创新视频研发生产制作全产业链商业模式。加快推动传统出版和新兴数字出版融合发展，催生新产品新业态。加强知识产权发掘和跨界经营，鼓励开发图书出版衍生产品。拓展电子音像产业发展空间，发展语音出版和有声书产业。二是推动文化与旅游融合发展。大力发展文化与自然资源景点、人文历史等深度融合的文化旅游产业，加快推进大湘西文化旅游融合发展示范区建设。三是推动文化与科技融合发展。鼓励文化企业加大科技投入与研发，

以科技手段提升文化创意、生产、销售及传播方式，促进文化产业转型升级。以项目为纽带，推动文化科技融合发展，培育一批科技型文化企业并产生示范和集聚效应。四是推动文化与金融融合发展。推动银行业金融机构建立文化金融专营机构。进一步鼓励金融机构实施互联网金融工程。鼓励保险公司加大创新型文化保险产品开发力度。加强文化创意企业上市的培育储备，重点推进华声在线、明和光电等重点文化企业上市融资。五是推动文化与现代农业融合发展。鼓励文化创意企业为种养大户、专业合作社、家庭农场、农业企业等新型经营主体开展多种形式的创意设计，强化休闲农业产业体系、景观体系、活动体系建设。六是推动文化与体育融合发展。促进体育衍生品创意和设计开发，推动文化创意和设计服务应用于体育特色旅游景区深度开发。支持区县（市）根据本地"江、湖、山、道"自然人文资源特色举办传统民族特色体育活动，丰富群众体育文化活动内容。七是加快发展县域特色文化产业。重点推进县域文化产业的提质升级，加快形成多点支撑的发展格局，改变过分依赖省直和省会城市发展文化产业的模式。充分利用县域的自然禀赋、历史人文景观、民族民俗风情、传统手工技艺、非物质文化遗产等独特资源，通过创意转化、科技提升和市场运作，大力发展县域特色文化产业，把资源优势变为产品优势和市场优势，形成"一县一品""一乡一品"的发展格局。通过专项资金扶持、项目安排等措施，强力支持凤凰、新宁、炎陵等13个文化旅游特色县建设。推动县域文化产业差异化发展，支持省旅游局重点建设50个湖湘文化旅游风情小镇。借助发展高铁经济，打造高铁沿线文化旅游产业带。八是深度推进文化与相关产业融合发展。在进一步推进文化与科技、金融、农业融合发展的基础上，着力推进文化产业与体育产业、农业的深度融合发展。构建长株潭城市群体育产业龙头发展极，打造邵阳、益阳、郴州、岳阳、常德特色体育培育、赛事培训产业带和张家界、邵阳崀山、湘西户外运动产业带。大力发展现代农业观光游、四季农园体验游、特色产地采摘游、本土农家品味游、乡村会所商务游、农业节庆休闲游等农业旅游新种类，加快建设以湘中南山水文化为依托的休闲健身、农耕文化等为主的山水体验休闲农业区。

3. 重点培育湖南文化产业发展新的增长点，打造发展新极核

文化产业发展离不开重大项目带动和平台载体支撑，湖南省应加快推进重点项目建设，建立和完善各类发展平台，培育形成湖南省文化产业发展新的增长点。一是加快中国（长沙）马栏山视频文创产业园建设。明确将马栏山视频文创产业园作为全省文化产业发展的重要载体，鼓励省内视频产业链相关企业向园区集聚，大力引进粤港澳大湾区、长三角地区文化产业投资。依托其国家级文化和科技融合示范基地建设，突出文化与科技融合，聚焦数字视频内容生产、版权交易等，打造全国一流的文创内容基地、数字制作基地、版权交易基地，推动文化与互联网、互联网与实体经济深度融合，力争形成"北有中关村、南有马栏山"的网络信息产业发展新格局，将其打造成为极具全球竞争力的"中国 V 谷"。二是加快国家文化出口基地（长沙）等集聚区建设。依托中部五省唯一的国家级文化产业示范园区天心文化产业园、国家级数字出版基地中南国家数字出版基地、"国家级广告创意产业园区"创谷·长沙（国家）广告产业园等 12 家国家级文化产业园区（基地），做强梅溪湖国际文化艺术中心、炭河古城、美丽中国·长沙文化产业示范园、长沙新华联铜官窑国际文化旅游度假区、华谊兄弟长沙电影文化城、湘江欢乐城、恒大童世界、湘军文化园、后湖（国际）文化艺术园等一大批重大文化产业项目载体，打造一批具有国际影响力的湖南文化品牌，建设一批对外文化贸易基地，搭建一批具有较强辐射力的国际文化贸易平台，把更多具有湖南特色的优秀文化产品和服务推向世界。三是支持长沙世界媒体艺术之都建设。支持长沙办好移动互联网岳麓峰会、长沙媒体艺术节等活动。继续办好中国（长沙）雕塑文化艺术节、中国浏阳（国际）花炮节、长沙（国际）动漫游戏展、全国图书交易会、长沙（中部）智能印刷和文化创意博览会、橘洲音乐节、"汉语桥"世界大学生中文比赛等系列节会赛事，不断提升节会赛事的层级、规模和档次，塑造一批具有湖湘特质和长沙印象的对外文化名片。全力打造"快乐长沙"文化品牌体系，引导文化创意企业主动融入"一带一路"文化贸易拓展计划，促进要素自由流动和产品自由贸易，加强国际文化

交流合作，提升长沙文化创意产业国际化水平。

4. 全面推进湖南文化产业供给侧结构性改革，满足发展新需求

湖南省文化产业呈现出快速发展态势，但也存在原创性、高端产品供给不足，重复性产品供给过剩的现象。为适应文化需求全面快速增长的趋势，需要从供给侧和需求侧两端发力，加快文化领域的结构性改革，释放市场主体活力，扩大文化有效供给。着力推动文化产业供给侧改革。建构和完善湖南文化产业创新体系，进一步激发湖南文化产业的创意创新活力，提升文化产品和服务的有效供给。建立健全文化市场准入与退出机制，完善文化市场负面清单制度，划出清晰的"底线"与"红线"，减少低端供给，杜绝低俗供给、清理"僵尸供给"。大力推进特色化、个性化、对象化的文化品牌建设，打造湖南文化产业项目、资金、人才、园区等多元化供给链条，完善湖南文化产权交易，培育多层次文化产品和要素市场。一是加大老百姓喜闻乐见、简便易得的文化产品供给。制作符合群众精神需求的影视出版、动漫游戏、网络文学、文化教育、艺术展览等产品，适应老百姓主动文化消费的主动性、可得性，降低消费文化产品的门槛和难度。二是提高文化产品质量和品位。提高文化产品的质量，从而提高受众量。一方面，加大主旋律、正能量、讴歌党、讴歌祖国、讴歌人民的主题性的创作力度，另一方面，加大人们对精神追求、价值品位、兴趣爱好的需求性产品的供给力度。三是生产多种形式的文化产品。培育各类文化消费兴趣人群，打造影视传媒、歌舞表演、文博会展、音乐艺术、民间文化、非遗交流、体育赛事、美术摄影、体验沉浸、文化体育、文化旅游等多种形式的文化产品，供各类文化消费人群选择。四是推动湖湘特色文化品牌建设。突出湖湘文化特色，要厚植湖湘土壤，讲好湖南故事，增强文化自信，充分展示湖湘文化的独特魅力，培育更多在国内国际市场上"叫好又叫座"的文化产品和服务品牌。五是拓展文化传播、消费的渠道和方式。将文化消费、文化体验和产品销售等平台融入大众日常生活、休闲娱乐、度假旅游等各个环节中，让文化供给、市场和消费无处不在、触手可及。

5. 持续擦亮湖南广电、出版文化名片，打造国家级文化创意产业基地，树立发展新标杆

以广电、出版的改革发展为引领，持续发挥湖南广电、湖南出版作为文化强省建设的龙头带动作用，使之成为湖南省打造国家级文化创意产业基地的标杆和示范。一是继续巩固广电、出版集团的龙头地位。增强广播影视、新闻出版等龙头企业的创新发展能力，加快转型升级步伐，巩固提升全省文化产业的影响力，打造主业突出、核心竞争力强、支撑带动作用明显的国有大型骨干文化企业集团。打造以湖南卫视为核心的传统媒体板块、以芒果 TV 为主平台的新媒体板块、以有线网络为支撑的移动互联网板块、以潇影集团为核心的电影产业板块，加快融合发展，不断优化芒果生态，努力实现"影响力第一、市值第一、品牌第一"的发展目标，把湖南广电打造成形态多样、手段先进、拥有强大实力及传播力、引导力、影响力、公信力的新型媒体集团。充分发挥湖南出版集团书、报、网、移动媒体等多种介质的优势，出版更多传承中华文化基因和湖湘文化精神的精品力作，继续走在全国出版业前列。二是加大科技对文化的支撑和引领作用，加快新兴业态的培育。发挥科技创新对文化产品内容和产品形式创新的带动作用，以"新技术、新平台、新体系、新模式、新业态"为战略导向，重点布局"互联网＋"、新媒体、虚拟现实、影视节目、数字出版、动漫游戏、广告会展、演艺娱乐、文化信息、创意设计等产业，改造传统文化产业，催生新兴产业业态，提质升级广电湘军、出版湘军，重点开发新一代超高清电视和电影、数字音乐、网络广播、互联网内容服务、智慧教育、数字出版、数字化演艺、数字化主题公园、AR 和 VR＋文娱产业等领域，培育具有新技术、新模式、新业态的科技文化企业集聚区。重点发展电子出版物、电子书、手机出版物等以数字化内容、数字化生产和数字化传输为主要特征的出版新业态。三是依托广电、出版两张文化名片，打造国家级文化创意产业基地。依托长株潭城市群的核心区和环洞庭湖地区的文化创意产业功能区，深度融入长江经济带，大力开发科技型、创意型、智慧型的文化创意产品和项目，构建具有国际竞争力的对外文化服务贸易，走进美国、日本和欧盟市场，逐步形成以湖南为基地，辐射海内外的优质科技文化资产网络。依托大湘南文化创意产业功能区，接轨粤港澳大湾区、北部湾经济区、海峡西岸经济区等地区，进而融入海上丝绸之路和中南铁路网，进入面向东南亚国家的海陆大通道，大力发展文化服务出口等新兴业态，扩大文化产品出口范围。

第二章　湖南文化体制改革探索之路

文化建设、文化产业发展是湖南一张耀眼的"名片"。湖南省委、省政府以推进文化强省建设高度自觉与自信。湖南三湘大地悠久的文化底蕴，使得湖南文化产业建设光彩夺目。党的十八大提出了建设社会主义文化强国的宏伟目标，省第十一次党代会报告提出大力实施创新引领、开放崛起战略，为湖南文化强省建设在新的起点和更高水平、更深层次上的再谋划、再部署、再出发奠定了良好的政策环境和发展氛围。党的十九大提出"坚定文化自信，推动社会主义文化繁荣兴盛"。深化文化体制改革对坚定文化自信的基石作用，主要体现在：强化价值观引领的体制机制日益完善，全党全国人民团结奋斗的共同思想基础不断巩固；文化惠民的体制机制日趋健全，文化建设的凝聚力显著增强；解放和发展文化生产力的实践不断深化，我国文化事业和文化产业的整体规模、实力持续壮大；弘扬中华优秀传统文化的体制机制不断完善，民族文化生机活力空前焕发；文化领域深化对外开放的体制机制建构持续推进，中华文化国际影响力不断增强。总起来看，文化领域改革开放的实践为铸就伟大改革开放精神做出了独特的贡献。

为贯彻落实习近平新时代中国特色社会主义思想特别是关于文化建设重要论述的重要举措，围绕落实中央关于加快文化建设的精神和省委、省政府关于文化强省建设的部署，结合湖南实际，2018 年，湖南又率先提出"文化创新体系"，持续深化文化体制改革。

第一节　湖南文化体制改革历程

湖南在文化体制改革上以"敢于改、改得早、改的得力"闻名，充分体现了"敢为人先"的湖湘精神，深化文化体制机制改革激发内在动力。湖南不断深化文化体制机制改革，以形成创新与开放的合力。

一、湖南文化体制改革历程和成效

湖南文化体制改革全面启动于 2006 年，大致可以划分为四个阶段：第一阶段，2006—2008 年，以 2006 年 6 月全省文化体制改革工作会议召开为标志，文化体制改革由局部试点到全面展开；第二阶段，2009—2012 年，以 2009 年 11 月召开的全省文化强省建设工作会议为标志，文化体制改革由面上推动到逐步深入；第三阶段，2013—2015 年，以 2013 年 11 月召开的湖南省委常委扩大会议为标志，文化体制改革由全面推动到全面深化；第四阶段，2016—2018 年是湖南文化体制改革持续深化时期。

第一阶段有三次重要会议，除 2006 年 6 月召开的全省文化体制改革工作会议外，还有湖南省第九次党代会（2006 年 11 月）和湖南省委常委扩大会议（2006 年 12 月），其中全省文化体制改革工作会议全面启动改革工作，确定了 4 个试点地区和省直 10 家试点单位；湖南省第九次党代会明确提出"文化强省"战略；湖南省委常委扩大会议决定将文化产业作为全省新的支柱产业来建设。2007 年 2 月，湖南省委、省政府印发《关于深化文化体制改革、加快文化事业和文化产业发展的若干意见》，明确了这一阶段湖南文化体制改革的总体目标和重点任务，要求加快推进公益性文化事业单位深化内部用人制度、收入分配制度和社会保障制度改革、文化行政管理体制改革和文化市场综合执法改革试点工作、经营性文化单位转企改制、广电制播分离和网络整合等重点改革任务。到 2008 年年末，第一阶段的改革任务顺利完成，取得不俗成绩，这些改革措施引发了生机活力，有力地促进了湖南文化产业快速高效发展。据统计，2008 年湖南文化创意产业创造了 1 395.63 亿元的总产出和 583.67 亿元的增加值，占 GDP 比重达到 5.1%，确立了国民经济支柱性产业地位，成为湖南六大千亿产业之一。

第二阶段有两次重要会议，一次是全省文化强省建设工作会议（2009 年11 月），会议决定加强省委对文化改革发展工作的领导，调整省文化改革发展领导小组，由省委书记任顾问，省长任组长。另一次为中共湖南省委十届二次全会（2011 年 12 月），会议提出，把文化产业作为全省经济发展的重要支柱性产业来推动，把文化创意产业作为全省重要的战略性新兴产业来培育，把湖南建设成为全国有影响的区域文化中心、全国重要的文化创意产业发展基地、全国知名的文化旅游目的地和全国生态文化建设示范窗口，并审议通过了《中共湖南省委关于贯彻党的十七届六中全会精神 加快建设文化强省的意见》。此后，湖南文化产业发展再创新高，据统计，2012 年全省文化创意产业增加值达 1175.79 亿元，占 GDP 比重达 5.3%，文化创意产业在"稳增长、调结构"战略中的引擎作用进一步增强。

第三阶段有三次重要会议，一是省委常委扩大会议（2013 年 11 月），这次会议要求，增强全面深化改革的责任感和紧迫感，以中共中央十八届三中全会精神为指引，更加注重改革的系统性、整体性、协同性，积极稳妥推进文化体制机制创新。二是湖南省委全面深化改革领导小组（2014 年 9 月）会议，部署新一轮全省文化体制改革工作。会议审议通过《湖南省深化文化体制改革实施方案》，进一步明确改革任务、责任分工和时间要求。三是湖南省委全面深化改革领导小组（2014 年 11 月）会议，研究部署湖南省省属国有文化资产管理体制改革工作，审议通过了湖南省《深化省管国有文化资产管理体制改革方案》。湖南省委全面深化改革领导小组第十四次会议审议通过了《关于推动湖南省传统媒体和新兴媒体融合发展的实施方案》（2015），将进一步抓好省直三大传媒集团融合项目，推动传统媒体和新兴媒体优势互补、深度融合、一体化发展。这一阶段湖南省委省政府印发了三份重要的文化体制改革专项政策文件：一是《湖南省深化文化体制改革实施方案》，根据这一方案，截至 2020 年，湖南省须完成 15 个大项、60 个专项的改革，涉及宏观管理、运行机制、政府职能转变、市场主体重建等多个方面。二是《深化省管国有文化资产管理体制改革方案》，这一方案着力推动建立健全管人、管事、管资产、管导向相统一的国有文化资产管理体制，大力优化国有文化资源配置，在全国率先建立省级国有文化资产监督管理委员会，将省财政厅归口管理的省级国有文化企业资产监督管理领导小组办公室划归省委宣传部。方案的提出进一步推动了国有文化资源的集中，从而可以加快整合重组和机制创新，以充分发挥龙头企业在创意、人才、资本、平台、管理、技术等方面的优势。组建省新闻出版广电局。成立省国有文化资产监督管理委员会，并授权该委员会履行省属国有文化企业出资人职责，负责监管整合重组后的湖南日报报业集团有限公司、湖南广播影视集团有限公司、湖南出版投资控股集团有限公司等八大国有文化产业集团，进一步优化了文化产业结构，壮大了国有文化企业规模，增强了文化产业实力。据统计，2015 年，文化创意产业增加值达 1 707.18 亿元，占 GDP 的比重达 5.9%，分别比 2006 年的 337.89 亿元增长 5.05 倍，占 GDP 的比重提升了 1.4%。根据《湖南省贯彻落实党的十八届三中全会重要改革举措的实施规划（2014—2020 年)》，文化领域须启动实施的改革举措有 25 项，具体细化为 82 项改革任务；根据《湖南省深化文化体制改革实施方案》，文化领域须启动实施的改革举措有 15 类 60 项。截至 2016 年年底，所有改革任务均已按照时间节点完成。2014—2016 年，完成阶段性改革任务共 67 项，占总数的 47.2%；正在推进的 73 项，占总数的 51.4%。其中，文化领域重点改革完成率达 100%，取得了以重点带动全局的阶段性成效。

第四阶段省委、省政府加快文化强省建设顶层战略略设计，在全国率先出台出台了了文件《关于加快文化创新体系建设的意见》（2018），通过 5 个方面，26 项重点工作，同时，出台了《广电、出版等省管企业改革重组方案》，召开推进广电出版深化改革工作会议，并以广电、出版为依托，将原有 8 家省管国有文化企业集团整合为 5 家。重新组建湖南广播影视集团党委，对湖南广播影视集团和潇湘电影集团、湖南广电网络控股集团实行行统一领导；

撤销湖南教育报刊集团，将其经营性业务分别合并到湖南出版投资控股集团和湖南发展资产管理理集团，公益性事业职能回归省教育厅所属的事业单位。

"敢为人先"的湖湘精神在湖南文化改革进程中得到了充分体现。湖南在文化体制改革上是"敢于改""改得早""改得给力"。经过四个阶段的改革，湖南的文化生产力不断解放，实现了多个全国科技和文化领域的首创"第一"，包括率先打造广电和出版的上市公司，率先建设广电媒体领域的中外合资与合作实体，率先组建省国有文化资产监督管理委员会，进一步推动国有文化资源集中，加快整合重组和机制创新，以充分发挥龙头企业在创意、人才、资本、平台、管理、技术等方面的优势。

二、省管国有文化资产管理体制改革情况

党的十八届三中全会召开以后，围绕中央关于文化体制机制创新的新要求，湖南着力推动了省管国有文化资产管理体制改革。

1. 组建"四管相统一"的国有文化资产监管机构

根据党的十八届三中全会《决定》关于"建立党委和政府监管国有文化资产的管理机构，实行管人管事管资产管导向相统一"的要求，湖南启动了国有文化资产监管体制改革，省委省政府出台了《深化省管国有文化资产管理体制改革方案》，在省一级组建了省国有文化资产监督管理委员会，"由省委常委、宣传部长或分管副省长任文资委主任"。省委宣传部分管副部长任副主任，省委组织部、省财政厅、省人社厅、省国资委等相关部门为成员单位。省政府授权省文资委履行出资人职责，监管省管国有文化企业。在省文资委下设办公室，按照"编随事走"的原则，将省财政厅内设的省级国有文化企业资产监督管理领导小组办公室划归省委宣传部，在省委宣传部层面实现了"四管"相统一。

2. 优化国有文化资源配置

按照政府推动与市场主导相结合、壮大规模与提升效益相结合的原则，湖南遵循文化产业发展规律，推动国有文化资源整合重组。以湖南广播电视台、湖南日报报业集团、湖南出版投资控股集团为企业龙头，将潇湘晨报社和长株潭报社（现属湖南出版投资控股集团有限公司）、法制周报社和金鹰报社（现属湖南广播电视台）等报刊社，划归湖南日报报业集团有限公司管理；将湖南教育音像电子出版社（现属湖南省教育厅）、湖南地图出版社（现属湖南省国土资源厅）等出版单位，划归湖南出版投资控股集团有限公司管理；整合湖南广播电视台相关可剥离经营性资产和芒果传媒有限公司，组建湖南广播影视集团有限公司。2018年将8家省管国有文化企业整合为5家。通过将国有文化资源向优势企业集中，发挥后者的品牌、资本、人才、管理、市场、技术优势，进一步放大国有文化资源的优势和规模效应，减少同质同构恶性竞争，最大化地发挥国有文化资源的能量，实现国有文化资产的保值增值。

3. 建立有文化特色的现代企业制度

一方面创新制度设计。进一步完善管理运行体制，确保党对意识形态主阵地的领导和正确的舆论导向。湖南日报社和湖南日报报业集团有限公司、湖南广播电视台和湖南广播影视集团有限公司分别采取"一个党委、两个机构、一体化运行"的管理模式。厘清事、企单位职责：湖南日报社、湖南广播电视台为事业单位，履行党报党台的新闻宣传和舆论引导职能；湖南日报报业集团有限公司、湖南广播影视集团有限公司为企业集团，主要做好产业经营，提高企业的核心竞争力，壮大综合实力，确保国有资产的保值增值。内设机构"去行政化"：集团公司的内设机构和二级单位，由公司根据事业发展需要设置，不再确定行政级别，相关管理人员列入管理岗位和专业技术职务序列，与行政级别脱钩；社和台的内设机构、二级单位的管理则仍按事业单位管理办法执行。薪酬实行"参照执行"：湖南日报社和湖南广播电视台内设机构与集团公司内设机构重合，社、台员工和集团公司员工实行同一用工和薪酬管理制度。

4. 健全国有文化资产监管制度

为确保文化企业发展的正确方向，省委、省政府下发了《关于进一步改革和完善省属国有文化企业领导人员管理方式的意见》，明确干部管理权限：董事长、党委书记和总经理由省委管理；分管内容生产和导向的经理层副职由省委委托省委宣传部管理；其他副职领导人员（含总会计师）由企业董事会和党委管理，报省委组织部、省委宣传部备案。2015 年出台了国有文化资产管理办法、国有文化企业负责人经营业绩考核等制度，进一步推动省管国有文化企业加强党的建设，落实党风廉政建设，确定党委主体责任和纪委监督责任，建立健全党委领导与法人治理结构相结合的管理体制。

5. 积极对接落实中央文件政策

围绕落实文化产业有关政策，出台了《关于加快文化创意产业发展的若干意见》《关于加快对外文化贸易的实施意见》《关于进一步支持经营性文化事业单位转企改制和文化企业发展的若干政策》等。为把文化改革发展的政策落到实处，反复和相关部门对接，尽力落实财税、土地变性、投融资、社保、工商登记等方面的优惠政策。

第二节　湖南文化改革发展成绩与问题

按照中央制定的时间表、路线图和任务书，湖南文化体制改革积极推进各个领域的文化体制改革，全面、如期完成了阶段性改革任务。通过改革，精神文化的引领作用得以发挥，文化生产力得以释放，多层次的文化需求得以满足，体制机制障碍得以破除，公共文化服务基本实现全覆盖，文化产业得到迅速发展。

一、湖南文化改革发展成效

1. 产业集聚发展形态明朗

湖南文化产业发展逐渐呈现集聚和规模化发展特征。随着文化产业内部资金、技术、人才等关键要素汇聚与流动的常态化，文化产品、服务、品牌等生产者、销售者主体经营理念也开始发生实质性的转变。在国民经济发展的"十二五"时期，湖南文化产业进入高速发展阶段。以广电、出版为龙头的产业框架，实现了文化资源的初步整合，呈现出国有、民营企业相互竞争、共同发展的局面。2015 年，深化改革实现新突破。成立湖南省国有文化资产监督管理委员会及其办公室，在省委宣传部层面实现了管人管事管资产管导向"四统一"。重组湖南日报报业集团、湖南广播影视集团、湖南出版投资控股集团，在湖南日报社（湖南日报报业集团）和湖南广播电视台（湖南广播影视集团）分别实行"一个党委、两个机构、一体化运作"的管理体制，解决了事企两张皮的问题。出台《关于推动国有文化企业把社会效益放在首位、实现社会效益和经济效益相统一的实施意见》，制定《湖南省省管国有文化企业监督管理办法》，确保国有文化企业的正确发展方向和国有资产保值增值。2018 年 7 月，根据《广电、出版等省管企业改革重组方案》，将 8 家省管国有文化企业整合为 5 家。其中重新组建湖南广播影视集团党委，对湖南广播影视集团和潇湘电影集团、湖南广电网络控股集团实行统一领导；撤销湖南教育报刊集团，将其经营性业务分别整合到湖南出版投资控股集团和湖南发展资产管理集团，其受委托代行的公益性事业职能回归省教育厅所属事业单位。

2. 推动主要行业跨越发展

一是推动了机制倒逼体制的广电改革。通过自下而上的机制倒逼和自上而下的行政倒逼，完成了局台分开，接着又完成台和公司分开，通过改革解放了文化生产力。湖南广电保持了改革创新的强劲势头，推出了《我是歌手》

《爸爸去哪儿》《花儿与少年》等很多"现象级"节目，让人耳目一新。在世界品牌实验室最新发布的2015"中国500最具价值品牌"排行榜中，湖南广播电视台继续保持省级广电第一，位列传媒业第4位。2018年，湖南省召开高规格的推进广电出版深化改革工作会议，并制定出台《广电、出版等省管企业改革重组方案》。重新组建湖南广播影视集团党委，并对湖南广播影视集团（湖南广播电视台）和潇湘电影集团、湖南广电网络控股集团实行统一领导。三家隶属湖南文化国资分而治之的平行单位，归重新组建的湖南广播影视集团党委来统一领导。湖南广电可以更好地坚持湖南卫视、芒果TV等多核驱动，立足新旧媒体融合发展，大步促成进一步创新与市场化。

二是推动了体制带动机制的出版改革。2004年，湖南出版实现政企分开，完成整体转企，实现整体上市，募集资金43亿元，中南传媒获得董事会奖、董事长奖，并成立全国文化行业首家财务公司、获文化行业首个金融牌照。全省7家需转企改制的地方和高校出版社全部完成任务。经中宣部和国家新闻出版总署批准，湖南纳入第一批和第二批体制改革的非时政类报刊出版单位共64家，已全部完成改革任务。近几年，湖南出版投资控股集团综合实力进入全球出版企业10强、排名第6，旗下上市平台——中南传媒市值和利润连续多年位居A股出版上市公司首位。2018年湖南省进一步深化文化体制改革的另一重头戏，则是撤销湖南教育报刊集团，将其经营性业务分拆，市场化教育期刊业务整体划入湖南出版投资控股集团，康乃馨公司养老产业整体划入湖南发展资产管理集团，受湖南省教育厅委托代行的公益性事业职能回归湖南省教育厅所属的事业单位。湖南教育报刊集团主办了杂志等，在全国最早形成从幼儿园到高中全覆盖的学生期刊系列。此外，湖南教育报刊集团还有网媒方阵、数字出版等业务。教育期刊业务的整体划入，将对出版湘军——湖南出版投资控股集团的该板块形成有效补充与提升。经过上述改革，湖南八大文化国资企业整合为五家。这将进一步优化文化企业布局结构，促进资源要素向骨干文化企业集聚，进一步实现规模化、集团化、现代化发展。

三是民营方式推动了国有的文艺院团改革。湖南90家国有文艺院团，除中央确定保留事业单位性质以外，设定体制改革任务的院团全面完成。以长沙琴岛、红太阳为代表的民营演艺团体迅速壮大，同城竞争，激活了国有院团。新机制催生新活力，国有文艺院团演职人员积极性提高、演出场次增加、职工收入增加，对比改革前、后两年的数据，改革后演出场次、经营收入分别增加了1 248场、1 500多万元，职工月收入增加300元以上。

四是推动了以资本为纽带的网络整合改革。全省109家有线电视网络单位，已有101家完成资本整合，实现了标准、业务、管理、运营四统一，既完成了网络整合的改革任务，又进行了双向网络技术改造，进一步明晰了产权，为新业务的研发提供了人才、技术、资金支撑。

五是推动了融合应对变化的新闻网站改革。推动传统媒体和新媒体融合发展初见成效。湖南日报报业集团启动"中央厨房"信息系统建设，旗下"新湖南"客户端下载量突破1 750万；湖南广播影视集团旗下芒果 TV 全终端用户规模日均超4 700万独立用户，日常视频点击量超2.2亿次，手机 APP 下载安装量达4.9亿；湖南出版投资控股集团旗下红网新媒体集团挂牌成立，其新媒体集群等总用户数达3 000万，居中国新闻网2016 年被转载指数地方新闻网站第二。湖南有6家拥有一级新闻资质的新闻网站主动改革。华声在线积极探索新媒体与传统媒体融合，进入全国10家重点新闻网站改革名单。红网以股份制方式组建，以整体上市为提升，以市、县分站为延伸，成为地方新闻网站改革典型。

六是推动了服务提升效益的文博改革。湖南省博物馆通过内部人事、分配和社保三项改革，把提供优质公共服务作为改革目标，实现全程服务，全员围绕服务，每年观众160万，在全国83家一级博物馆中综合排名第二。

七是推动了定位牵引转型的文化行政改革。湖南文化管理改革的重要特点是，积极推进管理方式改革，加快政府职能转变，科学把握政府与市场的定位，较好地构建了新的党、政、事、企、资多重关系。完成全省14个市州、122个县市区的文化市场综合执法改革，整合市、县两级原有的文化、广电和新闻出版行政机构，成立了新的文化行政责任主体和文化市场综合执法机构。省级层面，省新闻出版广电局也已经于2014 年8 月正式挂牌。

通过深化改革，省管国有文化资产管理体制得以有效理顺。管人管事管资产制度理念的确定，保证了党对国有文化企业重大事项的决策权、资产配置的控制权、宣传业务的终审权、主要领导干部的任免权，确保党对意识形态土阵地的领导。通过深度整合重组，发挥了报业、广电、出版等集团在各自领域的"先发优势"，做大做优产业版图，进一步壮大了国有文化企业规模，增强了市场竞争力。新的体制机制，赋予省管国有文化企业在资源配置、融资投资、员工聘用、薪酬分配等方面更大的自主权，进一步激发了文化企业的创造活力和内生动力。在改革过程中在取得成效的同时，也暴露出了一些问题，值得我们研究和思考。

二、湖南文化体制改革发展存在的问题

1. 全国文化行政管理体制缺乏统一模式

在推进国有文化资产监管体制改革中，由于没有统一模式，因此增加了改革的协调难度。全国国有文化资产的管理体制有两种模式：一是建立一套管理机构，归口宣传部门管理，比如北京、山东、上海、广东、湖北等省市；二是由宣传部门和财政部门各自设置相关处室，分别管理。文化行政管理体制改革一直在推进，但由于没有统一模式，各地在机构设置、人员编制配备上存在较大差异，不同的地区，文化单位内设机构名称不一样、职能分工也不一样。比如改革办和文产办的设置，在各地都有不同的模式。这既不利于上级统筹工作，也不利于各地对接工作。

2. 国有文化企业存在的特殊性与一般性之间的矛盾

在全面深化改革的大局下，国有企业领导人员的管理体制改革正在按照"国有企业领导人员专业化、去行政化"的精神有序推进。而国有文化企业因其意识形态属性，既不能完全按照一般国有企业的模式来改革，也没有文化企业管理干部怎么管、管多少的具体界定。因此，在完善国有文化企业领导人员管理方式的过程中，协调的难度很大。

3. 深化改革难度加大与涉改单位改革意识不强的矛盾

全国文化体制改革已经走过了几年历程，取得了很多成效，文化单位和外界对文化体制改革也越来越认可、越来越欢迎。但是，当改革步入"深水区"，触及利益时，部分涉改单位还是难以积极主动地接受、推动改革。面对越来越难的改革，还需要相关部门和文化单位进一步树立大局意识和责任意识。如部门分割条块管理，缺乏大局意识；如存在"不该管的管""该管却没管到位"的现象，缺乏责任意识；如"干好干坏一个样"，缺乏绩效考核指标意识；等等。

三、湖南文化体制改革发展的对策研究

文化体制改革既是经济基础又是上层建筑的问题。政治性、政策性强，敏感度、复杂度高。需要坚持以人民为中心，以问题为导向，以创新为动力，坚定不移地把文化改革发展推向前进。

1. 坚持真抓实干，狠抓改革，落实任务

中央和省委关于文化改革发展的目标任务十分明确，关键是抓好工作落实。要坚持求真务实，反对形式主义和官僚主义，按照党的群众路线教育实践活动要求，以好的作风推动各项任务的落实。要增强工作的积极性主动性，坚决防止被动应付、推一下动一下甚至推了还不动的现象，以"踏石留印、抓铁有痕"的精神，把工作往深里做、往实里做。要加强督促检查，对每一项重点工作都要有计划、有抓手、有考核，把原则要求变成实实在在的工作项目，明确责任书、时间表、路线图，采取"人盯项目"的办法，一抓到底、抓出成效。

2. 摆上突出位置，落实工作责任

各级党委政府要切实担负起政治责任，深刻认识到深化文化体制改革是解

放发展文化生产力，满足人民日益增长的精神文化需求的必由之路，是加快建设文化强省，提升湖湘文化软实力的根本途径，是转变经济发展方式，推动经济社会健康持续发展的重要引擎，认真贯彻中央和省委关于深化文化体制改革的决策部署，加强对文化改革发展工作的组织领导、战略谋划、统筹协调，真正按照党的十八大提出的"五位一体"总布局的要求抓好文化建设。各级党委宣传部门要发挥好牵头协调作用，文化改革发展领导小组各成员单位要按照任务分工，切实履职尽责，形成各尽其能、各负其责、相互支持、相互配合的良好工作格局。在改革过程中，要充分发挥党的政治优势，做好深入细致的思想政治工作，处理好改革发展稳定的关系，发挥广大文化工作者主力军作用，为敢于改革、善于改革的人提供舞台，充分调动人民群众参与改革、支持改革的积极性，形成推进文化改革发展的正能量。值得提出的是，对国有文化企业加强监管，不能等同于一般国有工商企业。因此，不能仅仅考核其经济效益，更要考核其创造的社会效益。该放的要放足、该管的要管住，既要确保党对意识形态工作的领导，又要增强国有文化企业的内在活力。

3. 健全政策措施，提供有力保障

政策法规是最好的指挥棒，能够有效激发文化改革发展的动力和活力。这些年，从中央到省里，再到各地各部门，都出台了一系列推进文化改革发展的政策措施，切实用好用活用足。要重点跟踪经营性文化事业单位特别是国有文艺院团转企改制后的发展问题，切实兑现优惠政策，确保已有的各项政策措施落到实处。同时，要根据新的形势要求，加强与中央有关部门的对接，进一步完善文化经济政策，制定和完善改革配套政策，研究出台促进文化发展的财税、金融、社保、土地等新措施，发挥好政策的杠杆作用。要研究鼓励促进中小文化企业发展的有效办法，发挥好湖南文化企业担保公司、湖南文旅担保公司等融资企业的作用，加大对中小文化企业的扶持力度。

4. 增强问题意识，着力创新求解

问题是时代的声音。改革的过程，就是不断解决问题的过程。随着文化

体制改革进入攻坚期和深水区，面临的矛盾和问题将更加尖锐、更加复杂。应该以逢山开路、遇河架桥的精神，大胆创新，努力加以解决，决不能因为"上面没有指令、过去没有先例"就绕着走、拖着办。要着重加强对事关文化改革发展全局性、前瞻性、战略性问题的研究，正确处理好政府、市场、社会的关系，处理好经济效益与社会效益的关系，处理好意识形态属性与文化产业属性的关系，不断提高推动文化改革发展的能力和水平。

5. 加强体制机制创新

全面深化改革是把国有文化企业做强做优做大的"关键一招"。以问题为导向，进一步建立健全有文化特色的现代企业制度，健全党委领导和法人治理相结合的内部管理运行机制，完善国有文化资本授权经营、预算管理、审计监督等方面的制度，不断激发企业的内生动力。以进一步推进公司制、股份制改造，形成符合现代企业制度要求、体现文化企业特点的资产组织形式和经营管理模式，切实提高市场竞争力。要实施重大项目带动战略，提高企业集约化经营水平，鼓励跨国度、跨地区、跨行业联合或重组，推动优质资产向大型骨干企业聚集，发挥示范和拉动作用。

6. 推动国有文化企业以资本为纽带，做好跨地区、跨行业、跨所有制兼并重组

湖南文化体制改革在"十三五"乃至更长阶段必须要坚持走中国特色社会主义文化发展道路，全面贯彻落实省第十一次党代会提出的大力实施"创新引领、开放崛起"战略，切实把思想和行动统一到省委的决策部署上来，坚持以科技创新为引领，推动文化全面创新，不断提高开放水平，打响湖湘文化品牌，加快建设文化强省，重点发展影视传媒、新闻出版、动漫游戏、演艺娱乐等优势文化产业，推动文化跨界融合，发展新型文化业态，打造文化创意产业集群，提升文化产业的整体实力和国际竞争力。

第三章 湖南文化产业行业竞相发展

广播影视、新闻出版印刷与发行、动漫、演艺娱乐及新媒体（互联网、手机、有线电视）是湖南文化产业的优势产业板块。具有内容上的创新优势与品牌影响的五个产业板块撑起湖南文化产业。

第一节 影视电视业：从平面到立体的升级

影视电视行业是文化产业的重要组成部分。湖南素有"电视湘军"之称，影视电视业的发展在全国可圈可点。作为传统的影视文化大省，湖南影视电视业经历了一个从探索到大步向前，从平面发展到立体升级的发展历程。

一、湖南影视电视业发展亮点纷呈

湖南影视电视行业善于创新，开创形态各异、风格不同的节目，坚守主流价值观，勇于担当的情怀贯穿于屏幕，前行的轨迹持续进步。

1. 以多主体、多方位投入为带动，影视业形成一定规模的生产能力

2017 年，湖南电视节目年生产能力达126 221小时，2018 年湖南省全省广播电视行业总收入预计 276.86 亿元，同比增长约 12.53%。2018 年湖南广播电视台的总收入预计达到 209.51 亿元，同比增长约 16.43%。2014—2017 年，

全年公共电视节目播出时间、全年制作电视节目时间、去年制作电视剧数量均保持较高水平，见表 3－1。

表 3－1　2014—2017 年湖南电视业发展情况

指标名称	单位	2014 年	2015 年	2016 年	2017 年
全年公共电视节目播出时间	小时	755 190	759 734	760 707	757 024
全年制作电视节目时间	小时	141941	136246	132720	126221
全年制作电视剧数量	部/集	7/39	4/89	—	—
全年电视节目进口总额	万元	20.56	21	22	21
全年电视节目出口总额	万元	10	820	—	—
全年电视节目进口量	小时	365	73	60	31
全年电视节目出口量	小时	853	850	—	—
电视综合人口覆盖率	％	97.51	97.98	98.26	99.30

　　电视频道发展迅速，湖南卫视发展令人瞩目。提起"电视湘军"，就不能不提到"湖南卫视"。《快乐大本营》《天天向上》《声入人心》《爸爸去哪儿》《超级女声》《快乐男声》等，在全国都引领风潮，湖南卫视节目很多人都能够如数家珍。2015 年，湖南广播电视台总收入（不含快乐购）达 210 亿，其中广告收入 112 亿元（同比增幅 30.4％），"十二五"期间全台总收入年均增幅超过 25％；湖南卫视单频道广告收入过 100 亿，连续 14 年保持省级卫视单频道收视和广告收入第一。2016 年湖南省广播电视行业总收入预计达到 245.7 亿元，同比增加了 15.4 亿元，实际创收收入为 233.6 亿元。2017 年湖南卫视收视蝉联省级卫视第一，比排名第二的省级卫视份额高出 79％；2018 年《亚洲品牌 500 强》排行榜，湖南卫视品牌价值为 587.29 亿元，继续上涨较上年提升 7 个位次位列总榜第 93 位，在亚洲广播电视行业高居第 2，仅次于中国中央电视台。"电视湘军"精于工，匠于心，以实力铸就品牌。以湖南卫视为核心的"快乐中国"品牌不断升级。

　　电视剧方面来说，湖南广电和长沙广电是两支主要力量，两者各具特色。

目前，湖南广电主要的电视剧的生产单位有湖南卫视、潇湘电影集团、湖南经视、电广传媒、北京响巢公司等 5 家。另外由湖南广电和盛大网络合资成立的盛世影业有限公司也进军了电视剧拍摄领域。长沙广电基于和湖南广电错位竞争和开拓全国性市场的需要，自从 1985 年成立之初，就树立了"电视剧名台"的战略思想，并成立了长沙广播电视艺术中心，专门从事电视剧制作发行。近十多年来，长沙广电每年都拍摄电视剧 1～2 部。截至 2018 年，长沙广电共出品 500 多部（集）电视剧，获国家级奖励 20 余次，在全国城市电视台居领先地位。湖南广电在电视剧方面起步相对较晚，20 世纪 90 年代的琼瑶系列剧是其在电视剧市场淘到的第一桶金。此后一段时间，湖南广电在电视剧市场相对比较沉寂。2005 年起，基于对内容生产重视度的提高及提升核心竞争力的需要，湖南广电提出并开始实施"大片战略"，并成立集团大片生产管理办公室，对电视剧生产进行统筹管理。此后，通过推出一系列热播电视剧，重新树立了在电视剧生产方面的形象和地位。

电影方面，2015 年全国票房 440 亿，湖南 11.26 亿，排名 14 位。2015 年湖南观影人次达 3 421 万，同比增长 41.3%。至 2015 年年底，全省共有数字电影 304 家、银幕 1 483 块，其中，长沙新开业电影院 12 家，新增银幕 77 块，新增座位数 11 409 座。长沙全市电影票房 5.665 亿（2014 年票房为 3.97 亿。）湖南电影消费市场的繁荣，正是湖南电影发展的良机。2015 年全国获公映许可证故事片共 560 余部，其中有湖南的制片厂、影视公司参与制作的影片近 20 部，另有湖南人导演或编剧的电影近 10 部。在 2015 年上映的影片中，还有近 10 部 2014 年出品湖南电影。整体而言，2015 年是湖南电影喜获丰收的一年，较之于 2014 年，湖南电影在数量和类别上都呈上升趋势。潇影集团始终将影视创作作为自身的核心主业。两年来，潇影集团在做强原有产业基础上，以"文化＋"模式，延伸拓展产业，通过开辟多条渠道，大力扩充集团产业规模。潇影新开影院 5 家，潇湘国际影城门店达到 33 家，年创收近 2 亿元；潇湘院线辖下影院数增长到 172 家，银幕 802 块，可结算票房上升到 4.42 亿元，市场占有率连续三年排名湖南第一。

2. 影视精品力作不断呈现

湖南综艺节目占据无可撼动的"综艺老大"的地位。《我是歌手》《爸爸去哪儿》等更是异军突起，几乎期期都位列卫视收视排名第一。近几年，湖南卫视陆续推出了科技、家风、国防教育以及公益慈善等一批积极正能量的节目，《我是未来》，第16届《汉语桥》，《儿行千里》《奇兵神犬》《百心百匠》《亲爱的客栈》《让世界听见》等一系列新老节目全新上线。2018年，《快乐大本营》在周六档综艺 TOP 5 中稳居同时段综合排名 NO.1；《天天向上》十周年开播勇夺11连冠；综 N 代《我想和你唱3》《向往的生活2》《中餐厅2》《歌手 2018》同样捷报频传；新综艺《声临其境》《我家那小子》《幻乐之城》口碑与流量双丰收。原创声音魅力竞演真人秀节目《声临其境》自开播以来实现了口碑与收视率的双赢，节目播出 11 期，收视都居同时段榜首，成为 2018 年开年国产文化综艺节目的佼佼者，找到了影视经典与当今大众需求的最大公约数。

湖南卫视在黄金时间推出文化礼仪公益节目《中华文明之美》，生动地展现中华传统礼仪和习俗。大型国防教育特别节目《真正男子汉》，高品质的制作、积极向上的内涵和满满的家国情怀，获得收视和口碑双丰收。金鹰卡通频道《翻开这一页》第二季用动画形式演绎经典红色故事，生动解读课本里的中国梦。

长沙广电以中广天择传媒为抓手，大胆探索体制内制播改革之路，凭借《士兵突击》《冲上云霄》等热播大片，在开启"天择制造"大片时代的同时，成长为电视湘军的一支劲旅。湖南和光传媒深耕湖湘文化，拍摄的《雍正王朝》《走向共和》《恰同学少年》《长沙保卫战》等大制作的主旋律作品，社会影响大收效不错。好样传媒制作的《我为歌狂》《超级演说家》电视综艺节目大受观众欢迎。楚人传媒出品的电影《我们的十年》由赵丽颖主演，更是以较低的制作成本，上映后取得了4 600万的票房成绩。

潇湘电影集团作为中部地区最具活力的国有电影制片单位，拍摄了享有极高声誉的《那山那人那狗》，被奉为武侠经典之作的《新龙门客栈》以及

《辛亥革命》《国歌》《毛泽东与齐白石》和《反腐枪声》等一系列优秀影片。由中央电视台和中广天择联合制作的《朗读者》热极一时。潇影集团拍摄的众多红色影视中的人物形象，他们身上所体现出来的革命大无畏、敢于牺牲、勇于担当的精神，都可以用来激励现代社会的青年人。

3. 形成独特的大片文化

以大规模、大题材、大投入、大影响的电影、电视剧、纪录片和活动为支柱，实行差异化发展，扩展湖南影视的影响力。《宫锁心玉》《回家的诱惑》《宫锁珠帘》《笑傲江湖》《百万新娘之爱无悔》《陆贞传奇》等精品剧集收视排名前茅。《大明王朝》《又见一帘幽梦》《血色湘西》《悠悠寸草心》等一批优秀剧目受到观众喜爱，引起专家、学者的关注，引发了湖南广电节目创新向高端转型的热议。其中《恰同学少年》被称为国内"第一部红色青春偶像剧"，获第26届中国电视剧"飞天奖"一等奖、最佳编剧奖以及全国"五个一工程"奖。潇湘电影集团的《青藏线》《革命到底》和《他们的船》等三部影片成功入选年度优秀国产影片金秋展映片目。红色电影《毛泽东在安源》《秋收起义》《湘江北去》《刘少奇的四十四天》在市场、业界上都获得了良好的口碑。

就电视剧的题材来说，长沙广电和湖南广电的侧重点有所不同。长沙广电一般偏重于重大的历史题材及革命题材，44集电视连续剧《雍正王朝》（历史题材剧）荣获了年度"飞天奖""金鹰奖"、全国"五个一工程"奖，创造了中国电视史上包揽电视剧三项大奖的纪录，并在港台地区成为多家媒体热捧的内地影视作品，形成风靡海内外的"雍正王朝"文化现象。湖南卫视侧重于娱乐性节目，大多制作青春偶像剧、轻喜剧等，如《爸爸去哪儿》大电影，拍摄仅一个多星期，投资不过几千万，却在2014年春节档狂赚7亿票房，令人震撼。潇湘电影集团侧重红色革命题材的开发，如《郑培民》等；湖南经视以现代题材为主要方向，如《一家老小向前冲》《悠悠寸草心》等；电广传媒偏向市场题材的制作，如《乾隆王朝》《非常公民》《绝对权力》《军人机密》《上海王》等；北京响巢公司则以产业创新为主，通过电视剧的制作进行制播分离的探索，如《丑女无敌》。

4. 文化体制改革激发活力

随着文化体制改革的深入推进，广播电视"制播分离"更加彻底，节目制作市场化、专业化程度显著提高，播出的市场购买节目比重越来越大，自制节目比重越来越小，这倒逼节目制作单位优胜劣汰，广播电视节目质量会出现质的飞跃。这些年，湖南广电前后历经了三轮改革：第一轮改革成立了湖南经视，通过频道内部竞争激发了创新活力，在内部摸索了正确的机制；第二轮改革尝试集团化，基本建立了集团化架构；第三轮改革提出了"两走一立"的目标（从体制内走出去，从国内走出去，市场主体立起来）。2018 年 7 月湖南省委部署推动广电深化改革，整合广电、潇影、网控三大集团组建新的湖南广播影视集团，拉开了湖南广电新一轮改革的序幕，形成湖南广播影视集团有限公司、潇影集团、网控集团"三军会师"，确立了以湖南卫视为代表的传统媒体、以芒果 TV 为代表的新媒体、以有线为基础的移动互联、以基金为核心的资本运作"四轮驱动"战略。改革重组通过资源的优势整合、管理的全面整合、发展的创新聚合，实现"1 + 1 > 2"的效果，形成大芒果、大广电的格局，势必成为湖南广电做大做强做优的重要契机。通过进一步深化改革，真正把湖南广电打造成形态多样、手段先进，拥有强大实力和传播力、引导力、影响力、公信力的新型媒体集团。目前，湖南广电旗下已拥有两大上市公司——电广传媒和芒果超媒。电广传媒以芒果 TV 为主平台的新媒体板块和以基金为平台的资本运作板块。芒果超媒有以湖南卫视为核心的传统媒体板块，有以有线网络为支撑的移动互联网板块，超媒不仅成为湖南广电融合发展的重要抓手，在湖南广电的集团化改革中也发挥着引擎效应。

5. 产业园相继建立促使产业更好聚集

2017 年马栏山视频文创产业园正式开园、奠基。马栏山文化创意园以文化与科技为双轮驱动、互联网融合发展为路径，采用"文化 +""广电 +""科技 +""服务 +"的建设思路，以政府引导、市场运营、复合运作的模式运作，以原有金鹰城为存量、以浏阳河九道湾环抱下的鸭子铺用地为增量，鼓励视频领域的骨干企业在长沙马栏山设立总部和地区中心、全国性运营平台，成为全国产业规模最大、产业链最为完整的视频产业基地。园区将打造成为国内最佳创业环境、最大支持力度、最强内容生态的世界级园区，成为湖南视频等新媒体文创产业的大孵化基地。2018年6月25日，经国家广播电视总局批复，中国（长沙）马栏山视频文创产业园成为全国首家国家级广播电视产业园，为形成"北有中关村、南有马栏山"的行业引领格局，打造具有国际竞争力、中国最好的视频基地——"中国 V 谷"奠定了有利条件。2018年园区实现视频文创企业产值400亿元，成为湖南全省经济新的增长点。马栏山既是湖南广电的大本营、湖南出版的新未来，也是大型互联网企业青睐的宝地。马栏山视频文创园，促进了文化、创意与互联网相融相交，推动了以新技术、新业态、新产业、新模式为主要特征的新经济蓬勃发展，可以引领长沙乃至全省经济转型升级，实现高质量发展。

潇湘文化创意产业园是"十三五"重点项目，充分发挥潇影集团所处地段的土地资源优势，重新对东塘所处地段进行规划开发，打造成为涵盖湖南文化创意产业集群、新媒体产业集群、文化商业地产开发、文化产品展示和销售等板块的创意产业园区，成为东塘唯一集文化生产、交易、展示、休闲及居住于一体的混合型园区。项目所属一期"红影文创园"已经改建完成，且营业对二期摄影棚所在区域进行重新设计改建，三期住宿区拆建工作量大、投入资金较大，收集相关居民信息和意愿。潇湘影视基地也是"十三五"重点项目，项目长沙周边选取风景优美、交通便捷的地方，建设一个集影视生产放映、文化旅游休闲、影视体验、会议培训为一体的综合性影视产业基地。

二、湖南影视内容生产的特点

湖南影视业长期以来以内容创新优势影响受众，被业界和上级视为中国娱乐节目的生产基地之一。经过这些年的发展，湖南影视生产已经形成了独特的发展道路。

1. 以内容创新和差异化竞争为突破口，形成高端转型发展战略

从新形势下主流媒体的责任感出发，从宣传导向和展示湖南形象的要求出发，湖南广电提出了改变单一平台、单一出口和单一特色的品牌格局，完成新形势下的"三融合"和"三并重"转变提升。即娱乐与高端融合，精品与产品并重；主流与时尚融合，事业与产业并重；传统媒体与新媒体融合，国内与国际并重。真人秀节目《变形计》获得了亚洲电视节最佳真实电视节目奖，成为这一届中国大陆电视媒体唯一获奖节目。湖南经视组建新型经营团队，将原生活频道全新定位，改版为面向高端的纪录片频道。频道精心策划打造了《故事湖南》《时光漫步》《奇趣大自然》等栏目，以差异化的战略拓展了一片新天地，《故事湖南》记录中华人民共和国成立以来湖南的历史大事，激活了湖湘文化的当代价值，成为湖南电视新品牌。电视剧经营作为电视产业经营的重要组成部分，作为"电视湘军"龙头的湖南卫视，在电视剧经营方面探索出了一条独特的电视剧编播和其他节目互动，整合营销的编播模式，实现了电视剧收视和频道影响力及创收的共赢。其做法有：通过电视剧播出时间上的差异化，巧妙地避开了"黄金档"的恶性拼杀和国家有关的政策限制，开辟了电视剧收视新的"黄金档"；以独播剧打造电视剧内容播出的差异化。

2. 探索出一条独特的影视作品制作、编播和衍生开发模式，打造全方位产业链

以电视剧作品为例，一方面湖南自制剧创收成绩斐然。根据各单位的平台性质和对自制剧的定位不同，各单位自制剧成本回收和赢利渠道也有所差异。湖南卫视自制剧一般是为满足本频道独播剧播出的需要，很少外售。经视一般是自己先首轮播出，然后再卖给省内外其他频道。据统计，多年间，湖南经视自拍电视剧累计销售基本与投入持平。也就是说，仅通过自己首轮播出后的再次销售，电视台就已经收回了成本。长沙广电因城市电视台的覆

盖范围有限，自制剧的定位基本是外售，通过高投入打造精品谋求高回报，并取得了不错的收益。如电视剧《雍正王朝》，其投资成本仅2 100万元，发行收入4 200万元，利润达100%；《走向共和》投资成本3 800万元，发行收入5 000万元，利润达31.6%；《钦差之甘肃米案》，投资成本1 000万元，发行收入1 200万元，利润20%；《钦差之云南铜案》，投资成本1 200万元，发行收入1 560万元，利润30%；《恰同学少年》，投资成本1 400万元，发行收入1 700万元，利润20%。电视剧多种产业开发不断深入。传统的电视剧赢利模式只单纯靠播出和销售，风险大且回报低。为拓宽电视剧的盈利模式，降低经营风险，湖南广电在电视剧的多种产业开发上进行了大胆尝试。以《丑女无敌》为例，响巢公司在购买了《丑女无敌》原著的改编权，并确定湖南卫视为播出平台之后，开始对该剧进行全方位的经营，包括进行置入式广告贩卖和衍生产品开发。第一季其与多芬、联合利华签署置入式广告协议500多万元，五季共200集节目的置入式广告收入达到约3 000万元。衍生产品开发则与深圳迪派公司合作，重点利用丑女的形象和无敌的名气，开发玩偶、服饰、食品等相关产品。这种差异化的定位，实现了产品题材的多样化，体现了各制作单位的特点，也使电视剧生产结构和盈利模式实现了多元化和合理化。湖南经视也加大了自制剧的相关衍生产业开发，利用自拍剧相关品牌注册如"人间烟火""暗夜心慌慌""打马楼"等22个商标。此外，电视剧剧本交易初成规模。近年来，依托中国金鹰电视艺术节，湖南广电尝试开展具有商业市场交易性质的剧本交易活动，吸引了国内外数百家影视制作、投资公司参与运作，共收集剧本数千个。其中，参与面售的作品有80%以上确定了合作意向，不少剧本当场签约。如电影《十全九美》、电视剧《乔省长和他的女儿们》和《我和上帝有个约》都是在交易会上敲定剧本、成功交易的，其上映或播出后产生了不错的市场反响。

三、湖南影视业发展趋势

1. 电视媒体融合布局日益深化

传统媒体通过技术、渠道等方式进行内容创新，向新媒体靠拢；新媒体也在主动融合传统媒体，利用传统媒体优质资源发力互联网领域。2014 年 4 月以来，湖南广播电视台大力推进媒体融合发展，启动芒果 TV 独播战略，打造以"芒果"为品牌的媒体生态圈，建设新型主流媒体，芒果 TV 全平台（包括 PC 端、PAD 和智能手机）日均独立用户逾 3500 万，日点击量峰值突破 1.37 亿；移动 APP 下载量长期双榜第一，以每月 10%、日均新增 30.3 万人的增速，累计下载量突破了 2 亿次；iPhone 次日留存率做到了 56.3%，受众访问时长已跃居行业首位。湖南卫视积极探索网台互动节目，打通电视屏、PC 屏、手机屏，推出《我想和你唱》《夏日甜心》等极具互联网气质的电视节目，获得观众高度认可。芒果 TV 协同电视平台资源推出《爸爸去哪儿 4》，将经典电视 IP 注入网综新活力，点播量突破 36 亿，稳居豆瓣、疯狂综艺榜第一。湖南台还成功举办了金鹰节，实现电视、互联网、游戏"三界"精英集结。新闻中心启动"芒果新闻"APP 开发，建设了"芒果新闻云"，加大融合传播力度，提升新闻传播效果。广播传媒中心自主研发上线移动端产品"芒果生听"APP，再造多渠道采集、多层次生成、富媒介交互传播业务流程。金鹰卡通频道首创直播晚会《六一惊奇夜》，实现综艺、电视、电商多重跨界。天娱传媒成功制作《超级女声》项目在芒果 TV 播出，拍摄《超星星学园》在腾讯视频播放量达 13 亿次。芒果娱乐在优酷上线《欢喜密探》《步步惊心：丽》等揽下超 50 亿播放量，与腾讯视频联手打造《Hello！女神》《周一见》累计播放量超 15 亿。

2. 借力资本撬动产业创新升级

湖南影视业深耕细作，通过资本运作、基金投资等方式，借力资本优势在产业创新中取得重要突破。一方面，加大资本运作，借助融资扩大规模打造新业务。2016 年，湖南广电旗下的芒果 TV 完成 B 轮融资，募集资金近 15 亿元，投后市场估值 135 亿元，成功以规模化扩大阵地影响力。自主研发智能电视操作系统 MUI，打造"芒果直播"APP，芒果 TV 客户端 5.0 版上线，发布推出芒果电视。另一方面，大力实施基金投资，构建资本服务链条。芒果传媒在芒果海通基金的基础上，新设芒果创意孵化基金，夯实芒果文创基金，并积极筹建针对于二次元、ACG（Ainmation，Comic，Gamg）、电竞、VR（Vitval Realty，缩写 VR）等领域的芒果次元基金，初步建设完成从前端内容孵化到后端投资整合的资本服务链条，形成服务于芒果产业生态的基金体系，投资基金合计管理规模接近 40 亿元，投资项目大部分为新媒体、直播、影视内容、游戏、体育等行业的龙头企业。2018 年，湖南广播影视集团成立，快乐购重大资产重组获批通过，成立芒果超媒，芒果超媒首份半年报显示，净利润同比增长 92.47%。

3. "广播影视产业 +"跨界产业创新发展

湖南影视业加快推进新型主流媒体建设，坚持"一体、融通、自主"促进融合发展，实现优势互补、一体发展，市场竞争、内容创新、技术升级、对外传播、打造"生态"等方面的成果不断，优势进一步凸显。新闻大片《为了人民》《我的青春在丝路》创造主流宣传新表达；电视剧《人民的名义》、原创声音艺术节目《声临其境》再创爆款；芒果 TV 在全行业中实现率先盈利。湖南广电完成"一云多屏、两翼齐飞"的新模式，旗下所有媒体及内容公司组成巨大的"内容云"团队，做强 IP 优势，实现多屏分发，形成湖南卫视、芒果 TV "双平台"带动、全媒体发展的新兴媒体拓展格局。在电影方面，以影视为主业，以相关产业为支撑，不断完善电影产业链，努力形成影视生产、影院拓展、电影频道、电台、基地建设、三产业开发等相关产业互补发展的路径，实现电影产业综合实力的跨越提升。2018 年，湖南省 200 多家影视公司注册成立。

四、湖南影视业发展面临的困难

尽管湖南的影视产业发展以及相关企业在行业称得上"翘楚"，但在竞争越发激烈的当下，其中困难也不少。

1. 行业发展存在误区

湖南影视业存在认识上、产业布局上、精品创新上的误区，有追求收视片面化、题材极端化、艺员明星化的过激表现。影视行业是个具有高度专业化、科技化和结构化的综合型现代产业，不仅要与受众文化趣向同步，而且要与科学技术发展同步，更要与全国，甚至全球的行业结构与规划同步。在影视节目生产中，精品要与市场同步，才能"名利双收"。

2. 创新发展压力大

当前，技术创新更趋活跃，但创新风险不断加大，创新门槛越来越高。基于智能终端、云计算和大数据所提供的个性化服务改变了新闻出版广播电视业的运营模式，新技术的广泛运用使得传统媒体机构加入高技术媒体服务战场需要跨越的门槛不断被抬高，运用高新技术提高行业创新能力和传播能力的挑战不容小觑。湖南本土影视企业受困超强IP（Intellecrual Property），包括许多湖南本土影视企业，有技术有团队，但是缺乏超强IP，也就迟迟实现不了突破和制造影响力。

3. 协调发展压力大

受条块分割的影响，影视行业存在资源、市场、人才因行政分割造成的孤岛效应，直接导致整个行业价值链无法有效传导，龙头与鱼群之间更多是此消彼长，基层机构制作水平、传播能力、服务层次只能在低水平徘徊，系统内带动引领、集群突破、互生共赢的良性互动新格局仍有待形成。节目缺乏创意，没有新鲜感，软实力同样不足。

4. 竞争发展压力大

近年来，各地对影视产业的重视程度不断加大，省间影视业竞争日益激烈。原来湖南卫视一枝独秀，收视率、广告来源遥遥领先。最近几年，浙江卫视、江苏卫视、东方卫视异军突起，瓜分了一大份市场和受众。网络综艺盛行，大有和传统电视台相抗衡的锐气。近些年越来越多的观众开始转向网络节目，电视节目不断受到冷落。网络节目广告少，随时性强，不依赖于电视机可进行点播，且审查较为宽松，这些都是电视节目无法比拟的。另外，湖南卫视自身综艺节目质量业使观众产生了审美疲劳，爆款综艺数量和收视均不敌浙江卫视。节目创新不够，外来山寨的比较多，吸引力不够。《我是歌手》《我想和你唱》每年形式内容大体一样，也使观众产生出排斥和厌倦心理。电视产业作为"文化湘军"的重要组成部分，在竞争中面临高端人才、产业资本等要素外流的压力。综艺节目主持人可以说是节目的门面担当，在节目中有着举足轻重的作用。以前的湖南卫视涌现出了一大批优秀主持人，他们后来活跃在央视及各大卫视节目中。主持人流失严重，新生代没有及时成长起来。

五、关于湖南影视电视业发展的对策建议

1. 坚持内容为王，打造文化 IP

影视行业长远发展的必然选择是打造内容优质且丰富的作品。在传统媒体时代抑或互联网新兴媒体时代，优质内容 IP 始终是影视剧发展的必备条件。作品要想叫座又叫好，不能仅仅依赖明星效应和宣传力度，必须提升艺术价值，打造文化 IP。IP 即 Intellectual Property，直译为"知识产权"，指文学作品、影视剧、动漫、游戏等素材的版权，这些版权大部分拥有一定的粉丝基础，并且为受众熟知。影视剧作为文化产业的一部分，本身具有有价值的 IP，在其改编成影视节目过程中，既保留原著精髓，又要具有市场影响力，

是影视剧成功的关键因子。第一，选有成熟故事情节、有文化内涵、有正能力价值观的资源。是在 IP 资源选择过程中，制作人、导演最看重的一点。第二，IP 影视剧改编过程中要充分尊重原著，在保持核心价值的基础上进行创意开发，力求高水准制作，打磨故事情节，提升作品的感染力和艺术性。第三，除了要有庞大的粉丝群外，还一定要有商业价值，是可以多元开发的，其存在的方式不仅仅是电视剧、电影，还可以在漫画、玩具、游戏等不同形态中转换，整合资源和渠道，将其价值发挥到最大化。

2. 在内容基础上抱团发展

传统的电视剧以及新媒体的各种网剧、直播综艺，一味地跟风模仿或粗制滥造，肯定是没有出路的。可以依托政府政策支持，积极参与和组织这样的泛影视文化领域交流活动，努力推出既具有湖湘文化基因又传播主流价值观的好作品。影视作品的未来会走向两个方向，一个是高端的方向，比如《阿凡达》依靠技术带来视听盛宴；另一种是草根方向，即在内容的基础上，全民皆观众、全民皆演员。

3. 注重技术创新

影视业是一个高科技、重装备的行业，以信息技术为代表的高新技术深刻地改变了影视生产和消费的方式，随着大数据、云计算、人工智能等技术的革命性进步，借助多媒体技术，展现影视作品的表现力，使内容丰富化多样。在拓展电影作品表现力上，多媒体技术取得了良好效果，比如，电视节目实现了互动，获得了超高的节目人气。此外，借助多媒体，可以对灯光、音响进行控制，有助于提高后期的制作水平。

第二节　出版业：从单一到多元的跨越

近年来，湖南出版产业发展取得了令人瞩目的成绩，产业实力逐步增强，规模不断壮大，竞争力不断增强，新兴业态不断涌现。湖南出版产业强劲的发展势头为新形势下的产业转型升级奠定了基础、积聚了优势。湖南出版集团连续七年入选全国文化企业30强，旗下上市公司中南传媒市值和利润均居全国地方出版传媒上市公司首位，2015年入列全球出版企业前10强。湖南日报社先后获评"中国品牌媒体党报品牌10强"和"国家数字出版转型示范单位"。

一、湖南出版产业整体发展状况

1. 产业实力不断增强

湖南新闻出版业发展快速，规模不断壮大，实力不断增强，有"出版湘军"美誉。2010年，湖南新闻出版行业总产出317亿元，2014年达到463亿元，四年增长了46.06%。"十二五"期间，新闻出版行业年均增幅达11.5%。2016年，湖南新闻出版总资产达584.7亿，销售收入达429.6亿，数字出版行业营业收入达71亿元，占文化创意产业营业收入的比例为22.7%，仅次于创意设计和数字媒体（两个行业的营业收入分别为158.12亿元和81.96亿元，占文化创意产业营业收入的比例分别为50.6%和26.2%），实现增加值23.9亿元。由此，新闻出版行业中数字出版与创意设计、数字媒体已经成为文化创意产业的重要组成部分。2017年，湖南新闻出版业总资产达585.5亿，销售收入达448.4亿。

湖南新闻出版业的龙头老大湖南出版投资控股集团在"十二五"末（2015年底）营收106.09亿元，利润18.50亿元，总资产204.12亿元，"十二五"期间集团保持年均20%的高速增长。"十三五"开局之年（2016年），集团延续高速增长态势，营收、利润、总资产三项数据分别是118.85亿元、19.25亿元，225.36亿元，较2015年同比分别增长12.12%、4.06%、10.41%。

2. 门类结构基本齐全

随着互联网大潮的来临，新闻出版产业由传统媒介向多元化、信息化发展。2001 年湖南出版集团创办了《潇湘晨报》。2006 年《潇湘晨报》与湖南省新闻综合门户网站红网实行战略整合，创办湖南第一家手机报，广泛参与新媒体的开发。实现了图书、报纸、期刊、音像、电子、网络等门类齐全的出版产业体系。

2015 年 8 月 15 日，"新湖南"客户端正式上线。"新湖南"是湖南日报社的全新融合，紧随技术革命的大潮，顺应"互联网 ＋"时代的开发的移动端，新闻资讯力求更快、更新、更便捷。网络、数字媒体迅速扩张，形成了红网、湖南在线、金鹰网、华声在线、星辰在线等一批网络媒体品牌，湖南手机报、华声手机报、手机动漫周刊等新媒体成功面市，迅速占领新兴传媒消费市场。"十三五"期间，以融合为契机，打造了一批重点项目。一是以红网为龙头的主流数字媒体集群项目。2017 年 6 月，湖南红网新媒体集团正式挂牌成立，以红网总站和红网分站为基础，构建了省市县三级、双网（互联网和移动互联网）党媒新型传播平台，在全国省级重点网站中率先建立了省市县三级分站的"树型"传播矩阵，形成了"网报端微视屏"六位一体传播格局。二是中南数字出版产业园（基地）建设。以基地为载体，推进单位集中、资源集聚、产业集群，打造协同创新的湖南文化产业高地。三是快乐老人文化产业园项目。依托《快乐老人报》媒体集群的影响力和读者基础，已形成老人生活馆、老人大学、老人旅游、老人电商等产业板块，初具产业规模。

3. 新闻出版业效益实现大幅增长

近几年，无论是出版物种数，还是总印数、总印张均呈大幅增加趋势。表 3-2 和表 3-3 分别为 2014—2015 年和 2016—2017 年湖南省新闻出版行业的主要经济指标。

表 3-2　新闻出版行业主要经济指标（2014—2015）①

单位：万元、人

类型	总资产		销售收入		广告收入		利润总额		总人数	
	2014 年	2015 年	2014 年	2015 年	2014 年	2015 年	2014 年	2015 年	2014 年	2015
图书出版	1 650 998.73	257 015.77	229 038.19	257 974.55	187.83	145	31 807.40	35 370.19	1 292	1 379
报纸出版	498 467.43	544 003.82	243 427.68	203 715.48	1189 81.90	72 468.54	16 096.93	5 889.11	8 511	8 712
期刊出版	63 704.24	68 153.22	45 851.76	49 790.40	6 360.13	299 944.21	7 287.76	6 873.89	1 753	1 668
电子、音像出版、复制	34 991.00	31 184.70	24 128.62	22 428.05	—	—	2 291.96	1 759.00	245	167
印刷	2 488 156.20	3 059 291.89	2 502 610.61	2 519 467.83	18 285.55	31 187.19	282 729.24	257 237.43	66 530	62 742
出版物发行	1 278 244.81	1 731 874.73	1 401 665.39	1 150 906.29	—	29 582.86	130 105.01	171 874.77	19 956	20 322
出版物资	34 706.00	29 712.39	83 682.00	81 547.16	—	—	41.00	404.95	157	154
出版物出口	3 821.42	4 236.68	5 638.96	159.33	—	—	400.80	505.06	7	7
总计	6 053 089.83	5 695 760.61	4 536 043.21	4 211 441.93	143 815.41	136 327.80	477 760.10	479 509.45	98 451	94 997

表 3-3　新闻出版行业主要经济指标（2016—2017）②

单位：万元、人

类型	总资产		销售收入		广告收入		利润总额		总人数	
	2016 年	2017 年	2016 年	2017 年	2016 年	2017 年	2016 年	2017 年	2016 年	2017 年
图书出版	278 915.63	278 247.73	277 819.32	290 318.26	149.08	141.68	41 201.23	39 475.43	1 363	1 397
报纸出版	382 314.30	361 149.50	172 694.77	171 401.01	63 936.65	53 556.65	-11 187.60	-10 854.69	6 748	5 758
期刊出版	74 700.88	81 255.30	51 142.64	57 281.27	2 810.23	2 843.47	7 433.94	7 969.09	1 649	1 635
电子、音像出版、复制	41 006.07	42 717.88	25 852.84	22 415.37	—	—	2 283.46	1 531.50	234	205
印刷	3 030 291.22	2 950 633.97	2 496 506.30	2 680 004.88	29 330.68	15 077.37	196 246.55	182 218.08	67 147	59 387
出版物发行	2 035 786.69	2 136 331.27	1 261 684.13	1 253 338.84	18 170.04	44 839.69	182 076.18	208 196.28	19 365	19 947
出版物资	37 053.68	45 119.55	91 360.18	98 056.19	—	—	980.47	1 086.49	157	157
出版物出口	4 686.70	4 360.07	102 260.18	9 120.46	—	—	507.00	300.13	10	10
总计	5 847 701.49	5 854 695.72	4 295 960.00	4 483 880.19	114 396.68	116 458.86	418 560.76	428 835.82	96 516	88 339

---

①　数据来源：湖南省统计局中共湖南省委宣传部编：2016 湖南文化和创意产业发展统计概况数据来源：湖南省统计局中共湖南省委宣传部编：2018 湖南文化和创意产业发展统计概况。

4. 出版物质量不断提高，出版了一些精品图书

湖南出版业将振兴传统出版作为主打战略，推动资源、资本、人才向主业聚焦。2014 年，湖南出版投资控股集团实现营业收入 172.74 亿元、利润 16.26 亿元，同比分别增长 16.4%、34.5%。2015 年，湖南出版投资控股集团将继续以"两结合、财团式"为主线，线上主推数字教育、新闻资讯、生活社区、动漫游戏等数字平台，加快补充和扩充互动娱乐平台、互联网金融平台，以此构成集团产业的基本骨架，再将线下的图书报刊产品、印刷物资、发行门店、物流、96 360 社区服务店、会展等向线上靠拢或集聚，形成全媒介的文化消费生态圈。湘版图书在教育、音乐、科普、医卫、古典文学、少儿等领域的优势得到巩固，多部作品获中宣部"五个一工程"奖，在 2015 年发布的世界出版企业排名中，中南传媒列全球第七。近三年中南出版传媒完成《延安文艺大系》《中国古代历史图谱》《走向世界丛书（续编）》《世界佛教美术图说大典》等重点文化工程。中南传媒图书市场占有率稳居全国前三，2016 年 12 个项目获第六届中华优秀出版物奖，2017 年 13 个项目获第四届中国出版政府奖，《造房子》《阿莲》两本图书入选"中国好书"，均位居全国出版集团前列。积极拓展数字出版、语音出版等业务，推出《四大名著演播版》等畅销产品。加快推进以 IP 为核心的全版权运营，设立了博集影业公司、新媒体公司，推出了《法医秦明》等影视爆品。天闻数媒、中南迅智、贝壳网等数字教育单位业务发展迅速，天闻数媒数字教育产品已进入国内 24 个省市区的 4 450 所学校。2016 年，做出版、出好书，以"催生创造，致力分享"为理念的中南传媒愈战愈勇，图书市场占有率稳居全国前三，科普、作文、古典文学等图书板块排名全国第一，获中宣部"五个一工程"奖、中国出版政府奖等国家级奖数量位居全国前列。先后打造了《湖湘文库》《延安文艺大系》《走向世界丛书》等重点文化工程，推出《正能量》《时间简史》《大清相国》等一批优秀畅销图书。2017 年，中南传媒图书出版稳步推进，《中国古代历史图谱》《走向世界丛书（续编）》《世界佛教美术图说大典》等一批重点文化工程完成出书。13 个项目入选中国出版政府奖，其中中南传媒获评先进出版单位。《袁隆平的世界》等 9 个项目获湖南省第十三届"五个一工程"奖。2017 年，中南传媒旗下的岳麓书社营业额已达到 1.47 亿元，相继出版了《船山全书》《曾国藩全集》《魏源全集》等一大批既具有全国性意义又富有地方特色的名人著作集，在海内外产生了影响。2018 年，中南传媒一般图书市场占有率跃居全国第二，位列地方出版集团榜首，创湖南出版历史最好排名，细分市场作文、科普、艺术综合、文学板块排名第一，心理自助、传记板块排名第二，音乐、学术文化、古典文学板块排名第三。湖南文艺出版社、中南博集在领先出版社和出版公司排名中斩获佳绩。重要奖项、重点项目和重大出版工程等指标处于行业第一方阵。精品图书亮点频现，《乡村国是》《山河袈裟》《流水似的走马》获第七届鲁迅文学奖，创湖南出版新的标高。《走向世界丛书（续编）》获全球华人国学传播奖卓越传播力奖。《中国蓝盔》等 6 种出版物入选向全国青少年推荐百种读物。《"强军新方略"丛书》等 3 种出版物入选中宣部、国家出版署重点主题出版物选题。《魏光焘集》入选国家古籍整理出版专项经费资助项目。《中国民间口头叙事文丛（第一辑）》等 15 个项目入选国家出版基金项目。《这样爱你刚刚好，我的 N 岁孩子》等 14 个项目入选"十三五"国家出版规划增补项目。《鲁迅藏中国现代版画全集》等 18 个重大项目完成出版。新华书店重点时政图书销量位居全国前列，《党的十九大报告辅导读本》销售突破 100 万册。

二、湖南出版业发展的亮点

1. 产业体制机制创新取得突破

体制和机制的创新是产业创新的根本保障。党的十一届三中全会以来，湖南新闻出版业一直实行文化体制机制改革和创新，取得了很好的成绩。非时政类报刊出版单位体制改革工作稳步推进，改制企业焕发强劲发展活力。2000 年，湖南出版投资控股集团、湖南日报报业集团、长沙晚报报业集团等出版产业集团成立。而后，在不断深化改革中改制、重组，优化整合了资源配置。2008 年 12 月，湖南出版投资控股集团有限公司整体转改，组建中南出版传媒集团股份有限公司。2010 年 10 月，中南传媒成功登陆上海证券交易所，受到资本的青睐，首日大涨近 30%。中南传媒上市意义重大，结束了湖南在沪市主板 6 年没有首发上市记录的空白。2010 年全国总共上市了 8 家文化企业，募集资金 108 亿，中南传媒募集了 42 亿，接近二分之一。行政部门机构整合与职能转变取得明显成效，2014 年，省新闻出版广电局成功组建，机构职能定位明确，以管理保导向、促发展，宣传管理、播出机构和频率频道管理、社会管理、安全播出管理取得明显成效。省新闻出版广电局成功组建突破原有体制，实现转型升级，发掘融合创新的极大潜力，是提高出版产业竞争力的重要手段。近几年，互联网等新媒体音视频管理逐步规范和加强，湖南新闻出版广播电视业进一步向科学化、规范化、法制化方向迈进。2015 年国有文化资产管理体制改革，配合完善管人管事管资产管导向相统一的监管体制和健全国有文化资产综合管理体系，成立了八大文化产业集团，湖南出版控股集团是八大省管国有文化企业之一。2018 年，湖南省委省政府制定实施《广电、出版等省管企业改革重组方案》，召开深化广电出版改革工作会议，从新时代文化强省建设的战略高度，将湖南教育报刊集团出版发行板块整体划入湖南出版集团，做大做强出版湘军。这是湖南出版集团继改制上市之后又一次重大改革重组，进一步整合了出版资源。中南传媒还作为省文化体制改革领域唯一单位，入选湖南省庆祝改革开放 40 年典型案例。继续深化改革、开拓创新，推动传统产业升级，推动融合发展，拓展新的主营业务，实现产业整合和并购重组，提升管理效率和执行能力。

2. 新型业态不断涌现

湖南突出于互联网融合发展这条主线，数字出版迅速拓展，数据库出版、在线教育、网络游戏、手机出版等重点领域创新不断。湖南出版业深入推进融合发展、业态创新，产品和资源的数字化、富媒体化与互联网化取得突破性进展。新技术新媒体方面的平台、单位和业务成长迅速，融合发展的优势业内领先。媒体融合方面，成立红网新媒体集团，时刻新闻等系列融媒体产品用户数过千万，"线上平台阅达·智慧书城""新华教育在线"纷纷上线。"红网云"平台上线，"红视频"项目启动，新闻整体向视频化转型，LED联播网初步实现立足长沙、辐射市州和县市区的三级联播布局，在全国首创立体式户外千屏直播体系。数字出版和IP运营持续深入。电子社数字出版营收规模实现突破。岳麓社"唐浩明讲解曾国藩"系列节目受到热捧，少儿社笨狼动画片获"2018年度十佳新锐动漫IP玉猴奖"。天闻数媒智慧教育产品覆盖全国近5 000所学校，用户达1 500多万，连续4次蝉联中国大数据智慧教育榜首企业。教育社贝壳网获评2018腾讯网年度教育盛典大奖，注册用户超过220万，正式推出教育机器人小佳。中南迅智"A佳考试"公众号粉丝超过120万。产融结合持续加强。财务公司连续三年荣获监管和行业评级"双A"，再度斩获中国金融机构金牌榜·金龙奖"最佳服务财务公司"。出版融合方面，加快数字教育产品市场推广，推进语音出版、影视剧生产实现突破。天闻印务公司推动技术改造和设备升级，大力发展绿色印刷、精品印刷，连续入选全国印刷100强企业。红网、时刻新闻、晨报等媒体单位聚焦正面报道，激发正能量，在全国全省两会、省第十一次党代会、党的十九大、扶贫攻坚等重大报道中更加出彩，为全省改革发展营造良好舆论氛围，获得省委省政府充分肯定。红网在全国"地方新闻网站核心影响力指数百强榜"和"地方新闻网站被转载指数"中均排名第一。时刻新闻客户端用户数过1 850万。《快乐老人报》发行量超过230万份，位居全国所有报纸第三位。地铁媒体新增1、3、4、5号线路资源和长株潭城轨、磁悬浮资源。中南会展公司承办的长沙国际车展屡创新高，草莓音乐节、电音节形成品牌，成为湖南首家营收过亿的会展企业和首个获得UFI（全球展览业协会）认证的会员单位。潇湘晨报微博粉丝突破1000万，推出城市生活资讯客户端"Zaker潇湘"。老年新媒体粉丝量突破500万。

3. 出版印刷"走出去"稳步推进

湖南出版业大力实施"走出去"发展战略，是湖南对外文化贸易的重要组成部分。中南传媒积极响应号召走出去，充分发挥资本市场作用，坚持多元开拓、外向发展，以资本为纽带，搭建了文化产业的国际化桥梁。2016 年，中南传媒继续被文化部、商务部等四部委联合评为"国家文化出口重点企业"；在"2016 全球出版 50 强峰会"发布全球出版企业 50 强名单中，中南传媒排名全球第六。中南传媒版权输出项目中，近 80% 面向"一带一路"沿线国家，其中包括展现当代中国发展道路和当代中国价值观念的主题图书，如《社会主义核心价值观简明读本》输往印度，《新常态下的大国经济》输往越南，《艺术中国》《百年中国艺术史》等传承中华文明、适于国际传播的艺术类图书输往黎巴嫩、加拿大、俄罗斯等地，中国当代知名作家作品《乖，摸摸头》《我这辈子有过你》输往韩国、泰国、越南、美国等地。就单个出版社而言，湖南少年儿童图书社走出去的效果显著，该社以新加坡为始发站的"中国童书海上丝绸之路"项目，2017 年驶入印度洋上的明珠斯里兰卡。而 2017 年 6 月在丹麦安徒生中心以"东西方文化视野下的安徒生精神"为主题展开的学术交流，也在"一带一路"的西北延长线上，为中国文化的传播开启了新的空间。

中南传媒近年来按照"国际化视野、产业化目标、专业化水准"的战略思路，在进一步加大产品"走出去"的同时，也积极推动了资本"走出去"，通过搭建文化产业的国际化桥梁，逐步拓展和延伸了海外文化输出的规模和领域。集团在产品、版权、展会、资本走出去和对外交流上取得全方位突破。每年实现图书及电子出版物的版权输出 200 多项，其中 2017 年输出 275 项。数字教育产品进入亚非欧等 13 个国家。设立中南安拓公司专司对外推广，开创文化援外模式并在南苏丹、柬埔寨落地，获得中宣部和商务部的高度肯定。持续推进与法兰克福书展集团、培生集团的资本与业务合作，战略入股全球最大的在线版权交易平台（IPR）。承办了多次湖南文化走出去布展活动和中国旅法勤工俭学蒙达尔纪纪念馆陈列布展活动，获得省委省政府的充分肯定。荣获 2017 年"中国图书对外推广计划"特别贡献奖，获得国家广播电视总局颁发的"优秀版权输出奖"，蝉联文化部、商务部等四部委联合评定的"国家文化出口重点企业"。

业务触角正在大力延伸，促使印制等各业务"走出去"。天闻印务致力于推动产业转型升级，积极实施"走出去"战略，海外印刷业务中标了多国印刷项目。曾为印度企业印制一百多种教材，还获得了孟加拉国教材印制订单，并且积极开拓美国、喀麦隆等新业务市场。

三、湖南出版产业发展中存在的问题与瓶颈

1. 新闻出版行业持续低迷，市场增长乏力，政策环境趋紧

湖南是传统教材教辅出版大省，出版很大的利润来自湘少版的教材教辅。教育部严厉的教辅专项整治，以及义务教育《道德与法治》《语文》《历史》教材三科统编落地，给教材教辅核心业务带来巨大冲击，极大地影响了出版业的营收利润规模。

2. 融合发展的技术、资金、平台支撑不够

尽管湖南出版业的融合发展走在了出版行业前列，但对标互联网平台企业，出版企业的技术、资金、平台都远远不够。目前新技术新媒体产品不断迭代，湖南出版企业人才储备、基础准备都跟不上技术变化，在数字教育、新闻资讯、老年产业等方面打造的数字平台，都还不能作为全国性平台。而互联网企业的规律是寡头经济，做不到行业第一，就有可能在未来出局。资金方面，相对于传统产业投资，在互联网领域资金远远不够。同时，融合发展转型升级必须依赖传统产业的资金输血，但在传统产业利润大幅下滑的情况下，很难保障对融合发展项目的持续大量投入。

3. 专业型文化人才缺乏

由于湖南所处的区位不占优势，已经很难从北上广等先进地区引进人才，且每年都有一批骨干人才流失。特别是在当前国企限薪、降薪的背景下，如何引进和留住优秀人才，如何激发干部职工的创新创业活力，如何夯实人才发展基础，面临着不小的挑战。

四、出版业转型升级的发展路径对策

近年来，湖南新闻出版业发展取得积极成效，但随着改革的不断深入、创新发展步伐的不断加快，传统出版业发展所面临的瓶颈制约也越来越大，转型发展压力大。互联网已经成为当下最大的舆论场，湖南出版业的发展必须转型升级。

1. 深化体制改革，营建良好环境，实现出版业高质量发展

当前，我国经济正由高速增长转向高质量发展阶段。新闻出版行业以新发展理念为指导，以双效考核指标体系为基础，构建国有文化企业高质量发展政策支持体系，进一步放低对经济增长数字的要求，引导文化企业更加鲜明地突出社会效益、突出精品力作、突出融合发展。加大对出版文化企业的扶持，提升其在全省的带动力，在全国的影响力，在全球的竞争力。按照中办发《关于推动国有文化企业把社会效益放在首位、实现社会效益和经济效益相统一的指导意见》和湖南省的《〈关于推动国有文化企业把社会效益放在首位、实现社会效益和经济效益相统一的指导意见〉实施意见》（以下简称《实施意见》），出台支持企业的政策。在国有资本经营预算项目方面，进一步加大对融合发展、产业升级项目的支持。

2. 加大对骨干文化企业的扶持，提升其在湖南的带动力，在全国的影响力，在全球的竞争力

按照中办发《关于推动国有文化企业把社会效益放在首位、实现社会效益和经济效益相统一的指导意见》和湖南省的《实施意见》，落实"省属重点国有文化企业 2020 年年底前免交国有资本经营收益"的政策。在国有资本经营预算项目方面，进一步加大对融合发展、产业升级项目的支持。

3. 加大文化人才队伍建设力度

湖南出版产业要想做大做强，更需要各环节的领军人物来引领。遵循文化例外原则，出台更符合文化企业的人才激励政策，重视专业文化创意人才、市场人才的薪酬待遇问题，更好地吸引人才、激发创意。要结合湖南新闻出版人才资源现状，高视角制定新闻出版、数字出版产业的人才队伍建设规划。

第三节　动漫产业：从敢为人先到全国驰名

动漫产业是指以"创意"为核心，以动画、漫画为表现形式，包含动漫图书、报刊、电影、电视、音像制品、舞台剧和基于现代信息传播技术手段的动漫新品种等动漫直接产品的开发、生产、出版、播出、演出和销售，以及与动漫形象有关的服装、玩具、电子游戏等衍生产品的生产和经营的产业。动漫产业是继 IT 产业后新的经济增长点，被誉为"坐在金山上的产业""会孵金蛋的天鹅"，是各国实施低碳经济政策着重发展的新型产业，世纪知识经济的核心产业。20 世纪 90 年代初，湖南开始发展动漫产业，是国内较早发展动漫产业的省份之一，素有"中国原创动漫先行者"之称。然而，自 2009 年始，湖南动漫产业却从先前的全国"领跑者"转变为"追赶者"，缺乏具有国际影响力的品牌，已有品牌竞争力不足。近几年，湖南动漫产业奋起直追，积极调整发展思路，坚持"精品"原创路线方针，寻求转型提质，不断提升品牌号召力，产业发展成效显著。

一、湖南动漫产业发展状况

湖南是我国动漫产业较为发达的城市。近几年，湖南动漫产业面对市场激烈的竞争环境，以全新的姿态，在内容创新、品牌打造、产业拓展等方面全新升级，全面打响品牌战，取得了突破性发展。随着湖南动漫行业规模的持续扩大，动漫企业发展迅速，涌现出了一批具有较强竞争力的优势品牌。近几年，随着移动互联网的发展，湖南动漫产业逆势而上，产业产值每年成倍递增，动漫产业正积极谋求转型升级发展。2015 年，湖南共有动漫游戏企业 280 余家，涵盖动漫研发、动漫制作、动漫发行、动画工作室、教育培训机构、传媒机构、衍生品设计等，相关从业人员 6 万余人，年原创动漫生产能力可达到 5 万分钟，年创游戏作品超 15 部，衍生产品种类近 18 000 种。2010—2015 年，湖南动漫企业共创作动漫作品 153 部。2015 年相比 2014 年动漫游戏产值增长近 40%。2016 年全省通过国家动漫企业认证资质年审的企业达到 34 家，动漫游戏总收入超过 140 亿元，同比增长 21.43%；上市运营的手游 73 款，同比增长 72.6%；动漫图书销售达 299.51 万册，同比增长18.4%；动漫游戏及相关类知识产权申请数为 960 项，同比增长 33%。表 3 - 4 为 2017 年湖南动漫产业的发展情况。

表 3 - 4　2017 年湖南省动漫产业发展情况

指标	单位	按登记注册类型分内资企业	按机构类型分				
			漫画创作企业	动画创作、制作企业	网络动漫（含手机动漫）创作制作企业	动漫软件开发企业	动漫衍生产品研发设计企业
机构数	个	31	2	19	5	2	3
从业人员	人	1 628	88	1 267	123	50	100
资产总计	千元	1 281 418	30 972	982 368	219 992	32 944	15 142
营业总收入	千元	748 936	1 621	692 129	41 711	－ 329	13 804
原创漫画作品	部	746	211	71	457	3	4
原创动画作品	部	274	4	201	—	—	—
网络动漫（含手机动漫）下载次数	万次	120 936.13	—	—	—	—	—

续表

指标	单位	按登记注册类型分内资企业	按机构类型分				
			漫画创作企业	动画创作、制作企业	网络动漫（含手机动漫）创作制作企业	动漫软件开发企业	动漫衍生产品研发设计企业
动漫舞台剧演出场次	次	413	—	—	—	—	—
自主知识产权动漫软件	套	50	—	—	—	—	—

1. 立足原创精品路线，动漫产品质量提升

坚持精品原创化，创造出全国数一数二的动画，是湖南动漫游戏产业发展的主导方向。随着科技进步和动漫游戏制作水平的提高，湖南动漫节目创意制作趋向多元化、精品化和栏目化，原创制作能力保持领先，艺术水平进一步提高。蓝猫动漫三维优秀动画片《蓝猫龙骑团》第三季，在央视播放广受好评，蓝猫卡通动画片已经叫响全国及国际市场，"龙骑团"获得多个奖项，衍生品的开发也进入了良性循环，预计可赢利 3 000 万元以上，蓝猫老品牌估值达 26 亿元。锦绣神州公司启动两大动画项目、五大图书项目、两大动漫游戏项目，依托两大原创内容品牌《奇游迹》和《姓氏王国》，创新全产业链开发模式，涉及衍生产业包括《奇游迹》特色 DIY 产品、毛绒公仔、T 恤、口杯、主题时尚背包、《姓氏王国》主题变形玩具等达数百种衍生产品。山猫卡通 2013 年、2014 年、2015 年连续三年被国家商务部、国家文化部、国家广电总局、国家新闻出版总署联合评定为"国家文化出口重点企业"，其制作的系列动画节目已经出口到美国、中东等 71 个国家和地区。金鹰卡通卫视明星亲子益智闯关节目《疯狂的麦咭》在全国网络数据中，一度收视率为 0.79%，市场份额 2.43%，位居同时段省级卫视排名第一。2016 年

湖南有 90 多家原创动漫企业，创作数量喜人。湖南蓝猫动漫传媒有限公司即将重磅推出《龙骑团》第四部《龙骑归来》；湖南永熙动漫有限公司推出的《战斗吧灵兽》、湖南漫联卡通有限公司制作的《虹猫蓝兔七侠传》等原创动漫品牌播出效果很好；湖南银河动漫传媒有限公司推出《玉骐麟》系列《玉骐麟故事会之中国好故事》104 集；在国家广播电视总局发布的《关于公示 2015 年度少儿节目精品及国产动画发展专项资金项目评审结果的通知》中，金鹰卡通卫视选送的多个项目在评审中脱颖而出；伊点点公司自主原创漫画《缘生花》在有妖气、腾讯等各大平台的热载引来了各地影视媒体争抢原著版权。

2. 动漫新媒体成市场新宠，产业战略转型初见成效

随着互联网的极速发展、智能机的普及，以及 3G、4G 覆盖率的增加，手机网游日益兴起，步入快速发展通道。在新媒体数字时代，以网络动漫和手机动漫为代表的新媒体动漫已发展成为我国动漫产业新的增长点。湖南动漫产业适时推动了与新媒体的融合发展。蓝猫把目光投向数字内容产品更为广泛的应用空间，依靠数字媒体创新技术的研发带动，在以"网络化""互动性"为特征的新媒体领域再次跨出领先的一步。2014 年蓝猫紧紧把握时代脉搏，在移动通信手机动漫、数字图形展览展示应用、增强现实、互联网网络动画、网络游戏、数字出版等新媒体领域和线下互动体验方面，进行了大胆的探索与实践，并初步构建以"互联网和移动终端两大新媒体平台为核心"的多屏节目播出渠道和线上线下互动的产业拓展渠道。通过与卓京信息的合作，蓝猫公司每年培养了数百位手游专业人才，同时也共同开发出数款以蓝猫形象为主打的手机游戏。全力打造"多屏"播放网络。金鹰卡通通过新媒体渠道创新拓展，粉丝互动在线峰值超 10 万。亲子交互娱乐手机应用 APP "快乐家"2014 年 1 月 15 日上线，绑定"疯狂的麦咭""中国新声代""同趣大调查""七娃动漫剧场"等多个季播和常规栏目及剧场。目前装机用户总量达 94 万人，其中注册用户 40 万人，用户周活跃度大于 70%，峰值同时在线人数超过 10 万人，被 APP STORE 生活类进行首页推荐，位列生活类免费榜

第六位。针对有 0～6 岁儿童的父母的专业育儿互动微信刊物"扑扑育儿乐"上线，产品用户接近 3 万人，日均刊物月度访问量超过 6 000 人。浩丰公司根据动漫市场的发展状况，对经营的重点方向进行了调整，从原有的新媒体动漫产品开发调整到游戏开发领域，加大游戏开发的投入，增加了人力、物力，集中开展游戏产品的研发以及游戏运营渠道的拓展和建立。湖南欣之凯信息技术有限公司现已全面接入国内三大运营商手机动漫基地。已开发上线"欣动漫"手机 APP 及动漫门户网站并独家运营发行手机动漫精品近百部，目前在湖南省乃至国内同行企业中手机动漫业务收入排名均属前茅。欣之凯公司具备深厚的手机运营商行业背景，以及较强的手机动漫产品开发运营经验，在业务收入方面长期排名中国移动手机动漫基地逾千家合作伙伴中前十位，并与福建、江西省移动公司合作运营地方特色动漫专区，是国内领先的新媒体动漫研发和运营公司。2016 年湖南自主研发的手机游戏有超过 18 款已经上市发行，页游及手游的发行收入总额整体提升。

3. 市场主体不断扩大，产量产值有所攀升

湖南动漫产业除了有宏梦、蓝猫、山猫、金鹰卡通等在全国有影响力的重点动漫企业外，近几年来，九天星、锦绣神州、华视坐标、善禧、艺工场、可米等新生力量也逆势崛起。在中国文化艺术政府奖第二届动漫奖评选中，湖南作为全国少数获奖省份之一，以 1 个项目获奖、7 个项目入围的成绩，在全国动漫业界继续保持优势地位。湖南广播电视台金鹰卡通频道也获得"最佳动漫传播机构奖"。蓝猫公司荣获中国动漫行业创新发展杰出企业，"蓝猫"系列产品荣获"2014 中国动漫授权业十大中国品牌"、中国动漫产业最具影响力品牌。湖南游戏企业除了拓维、联盛、上游、中清龙图等老牌企业外，近几年来，天磊、草花互动、趣动、奇葩等新秀企业上升速度也比较快。老企业游戏开发速度大幅提升，游戏推广运营能力竞争力加强，在国内、国际市场的占有率均为多倍增长。新企业创意新、技术强，在本土原创动漫游戏题材的挖掘、动漫游戏衍生产品的开发、网页及手机游戏研发及运营方面取得了骄人成绩，在游戏开发、代理等方面产值提升很快。

4. 技术平台运营良好，实现"两个效益"统一发展

目前，湖南动漫产业有国家（湖南）动漫公共技术服务平台和湖南手机动漫公共技术服务平台两个国家级技术平台。平台的发展为催生更多的动漫精品提供了技术支撑。国家（湖南）动漫公共技术服务平台针对电视动漫制作全过程中的关键数字化技术进行重点建设，建立技术服务体系和服务运营体系。通过一期四项建设内容，二期二项扩展建设内容，形成面向电视动漫生产的 12 项公共技术支撑服务。湖南手机动漫公共技术服务平台整合上游（动漫电影、动漫游戏、动漫智能硬件、实体书籍玩具等）、渠道（垂直 APP、应用市场、微信公众号、微博大 V）、行业资源（电视媒体、线下实体等），建立集推广、服务、销售于一体的动漫垂直领域产业联盟，通过资源置换的模式，在满足各方所需的同时，实现用户转化、品牌曝光、收益获取同步发展。另外，湖南成功举办了共十届的中国原创手机动漫游戏大赛，两届中国长沙手机文化产业博览会和五届长沙（国际）动漫游戏展，产生了较好的经济效益和社会效益。

5. "走出去"步伐加快，品牌效应不断彰显

湖南积极推动企业建立差异化竞争战略和"走出去"战略，积极开拓国际市场，品牌国际知名度攀升，对外文化贸易出口取得较好成绩。山猫公司将中国特色的优秀文化元素注入原创动画节目中，制作了 108 集 1 350 分钟"山猫吉咪"品牌系列动画节目，通过美国洛杉矶英文频道、纽约中文频道等海外国家和地区播映，将原创系列动画节目与衍生产品出口到美国、俄罗斯、德国等 70 多个国家和地区，累计出口超 5 000 万美元，被文化和旅游部等五部委认定为"国家文化企业出口重点企业"。湖南锦绣神州文化传媒公司的原创动漫《奇游迹》先后在国内近 200 家电视台和视频网站播出。拓维信息《啪啪三国》自 2015 年 2 月份在中国港澳台和韩国市场上线后，得到了海外消费者认可，在港澳台地区和韩国地区的畅销榜排名保持前列。宏梦公司原创节目输出到美国、德国、西班牙、新加坡、中东以及中国的港澳台在内的

35 个国家和地区。湖南欣之凯信息技术有限公司与腾讯游戏、日本 Area 株式会社等多家国内外顶尖动漫公司建立战略伙伴关系，在手机动漫内容发行、虚拟形象设计开发等方面开展深度合作。目前，天闻动漫、拓维信息分别在日本、韩国设立了分公司。随着湖南动漫的走出去，国内动漫产业模式的探索及快速引进欧美动漫产品理念与国内动漫产品的高效结合对动漫业的发展产生了深远的意义。

6. 金融助力动漫，引导产业品牌化发展道路

动漫品牌产业的发展离不开政府的大力支持。近年来，湖南出台了《关于鼓励支持移动互联网产业发展的意见》《关于推进文化创新和设计服务与相关产业融合发展的若干意见》和有关扶持动漫产业发展的意见等系列政策文件，推动湖南动漫游戏产业的发展。近年来，金融机构积极主动对接湖南动漫企业，紧贴动漫企业的发展特点，创新金融产品与服务方式。湖南省文化旅游担保投资有限公司为湖南山猫卡通有限公司、湖南哆咪七彩影视文化传播有限公司、湖南锦绣神州影视文化传媒有限公司等动漫企业进行担保融资 2 550万元。同时，湖南省文化旅游担保投资有限公司扶持的规模还要扩大 10 倍，融资 25500 万元扶持动漫游戏企业。中国建设银行股份有限公司湖南省分行针对文化领域的综合金融服务方案，助力动漫游戏产业做大做强。有利金融机构的输血作用，湖南动漫游戏企业将有更广阔的空间和较大的发展。蓝猫依托融资为其保驾护航，将依据自身发展的实际情况，充分考虑金融市场对企业的推动促进作用，适时进入资本市场，为蓝猫发展注入新的动力和活力。2016 年湖南联盛网络科技股份有限公司在新三板成功挂牌，融资过亿元；广州渲一科技在 2016 年初喜获上海钱易 500 万元投资；善禧文化的动漫 IP 吸引投资方超过1 000 万的融资，为筹备上市创作了很好的条件；同禾科技及其运作的麦咭启蒙岛线上线下体验项目，也在积极谋划挂牌资本市场；湖南知名游戏运营企业草花互动的估值达 6 亿元。除此以外，奇葩互娱、天磊、趣动、炫鸟等游戏企业其产品和团队很受业界看好，相继拿到了 500 万元至 1 000万元不等的投资资金。

7. 产业链条逐步完善，动漫游戏展会形成新品牌

展会行业是新兴产业中极富成长性的产业，是动漫产业链的重要一环，其周边带动效应非常明显。基于动漫游戏元素的展会又是大众参与度较高、即时消费需求较旺的。中国原创手机动漫游戏大赛延伸的中国（湖南）手机文化产业博览会于 2014 年 9 月在湖南举行，展会设置了总规模28 000㎡、187个展位的展区，吸引了 579 家企业参会、200 多名行业专家亲临观摩、100 多个应用发布。大赛累计征集作品数达106 130件，参与大赛活动的体验用户逾100 万，作品累计下载次数突破8 000万次，参与合作的 CP 数量超过2 600家，相关媒体报道和网上转载总数超过 1.1 万次。为期三天的动漫游戏展览，充分展示了湖南以及全国动漫游戏产业发展的成果。2014 湖南国际动漫游戏展共吸引了来自全国各地的 200 多家动漫及游戏企业参展。湖南省参展的动漫游戏企业达 100 多家，省外的有腾讯游戏、盛大网游等知名游戏企业，60 个 cosplay 表演队带动展会现场的人气。在展会期间，游戏高峰论坛、行业闭门会等活动内容丰富，参展企业和参观人群均反映良好，拉动了产业产值的提升，也取得了良好的社会效应和经济效益。2014 年开始的动漫游戏湖湘行活动顺利举行。湖南举行动漫游戏湖湘行活动，大型动漫人偶秀，金鹰卡通主持人见面会、彩绘大赛、怀旧连环画赠送活动，以及与动漫相关的云游戏、创意集市等受到追捧与欢迎。湖南动漫企业也积极参展了深圳国际品牌授权展览会及中国国际动漫授权产业高峰论坛。湖南动漫的亮相引起了近千家企业和 3 万多名代表再次对其的高度关注，湖南也向全国各地的顶尖动漫企业及精英人才发出"动漫湘军，又回来了"强烈的集结信号。2016 由湖南省委宣传部、省文化厅联合主办，以"全民动漫，欢乐潇湘"为主题，重磅打造的 7 月动漫游戏盛会华丽开篇。湖湘动漫月的重磅大戏就是第七届湖南（国际）动漫游戏展。在 16 500㎡ 的展示区内，将有咪咕动漫、知音漫客、奥飞动漫等国内知名动漫品牌强势入驻。除传统动漫游戏展示外，为提倡智能、科技的新理念，渲一科技的亮相也成了展的一道亮丽风景。据了解，渲一科技是我国中部地区第一家渲染云平台，填补了湖南影视动漫制作行业产业

链中云端极速渲染服务的空白。湖南动漫行业通过了三年左右的培育，把"湖湘动漫月"培育成了强势展会品牌，打造成了有影响力和竞争力、高美誉度的展会。

二、湖南动漫产业存在的困难和问题

湖南动漫业在取得良好成绩的同时，也存在一些不可忽视的问题。动漫产品质量、原创水平、能力有待提高 ，大规模、高水平、产业链完整的龙头企业缺乏，以及动漫企业全产业链开发不够等。

1. 有重大社会影响力的原创精品仍然不多

从全国范围内来看，湖南动漫游戏产业目前以外包加工服务为主，附加值较低，存在着"内容制作团队多，衍生加工厂少；专业园区起步晚，原创精品少"的怪象。近年来，湖南动漫游戏作品创作数量增速较快，主要是外包合作作品。致使行业普遍追求短期效益，拿不出口碑过硬的精品内容，无法形成广泛的市场效应和商业盈利。

2. 政策与资金扶持力度依旧不强

2005 年长沙市在全国率先出台了《关于进一步加快动漫产业发展若干政策的意见》（长政发〔2005〕19 号），但后续扶持政策乏力，未形成持续支撑。近几年来，上海、广东（深圳、广州）、浙江（杭州）、福建（厦门）、湖北（武汉）等地政府持续发力，从技术及服务平台建设、动漫节展、进出口贸易、人才、原创作品、衍生品授权合作、资本等方面出台多项政策，政策相比湖南优势明显，在外省（市）诸多优惠政策的吸附下，湖南省动漫游戏企业和人才外流。省内政策方面，近年来，没有出台省级动漫游戏扶持专项政策，普惠性少，对骨干企业的扶持力度也不足。

3. 高端专业人才仍然缺少

动漫游戏产业是集创意、文化、艺术、技术为一体，艺术和现代信息技术相结合的新兴产业，需要大量复合型与创新型的高端人才。经过近两年的动漫游戏人才体系建设，中低端动漫游戏人才匮乏的问题已经得到了初步的解决，但高端的内容创意、技术制作人才缺乏仍是制约湖南省动漫游戏产业发展的瓶颈。

4. 产业创新能力不强

湖南动漫游戏产业近几年快速回暖，但在中国动漫游戏行业的综合地位首位度不高，创新性不强，动漫游戏产值主要来自内容市场和衍生市场，衍生市场是动漫产业产值的主要来源，目前，湖南动漫游戏产业链中的授权代理，玩具、服装、文具等衍生品开发公司较少。

另外，湖南动漫品牌在国际上还处于劣势。放眼全球来看，西方文化处于强势地位，中国虽有古老的文明、深厚的文化底蕴，但在全球的文化里面，并不占强势。湖南在国际市场上具有显著影响力和竞争力的知名品牌屈指可数。品牌培育和发展的政策法规环境还不健全也阻碍湖南动漫品牌发展。其中最关键的一点是知识产权保护问题比较严重，侵权、冒牌屡禁不止。版权保护能力不足、意识薄弱。市场上到处可见盗版的动漫图书、影碟。而衍生品的盗版更是直接危害了整个动漫业的健康发展。地摊上随处可见的蓝猫、宏兔等玩具，大多都是没有经过授权的。

三、湖南动漫产业发展思考

湖南动漫主要以原创电视动漫为主，在"敢为人先"的精神引领下，湖南动漫人走了一条创新之路、原创之路、品牌之路。湖南动漫鼎盛时期，年产动漫电视节目4万分钟。随着沿海地区一些省市加大对动漫产业的扶持，部分老牌湖南动漫企业遭遇发展瓶颈。湖南动漫如何转型升级，保持高质量发展，须在产业链条、内容创新、盈利模式上下功夫，寻求突破。

1. 扶持原创作品及品牌建设，推动企业聚群化突围

湖南动漫游戏产业链发展的源头和核心是原创作品，鼓励和支持创新优质原创项目，这将为动漫游戏企业打下强心剂，企业整体将提质升级，诞生更多的优秀原创精品项目。要立足于"讲好中国故事，弘扬湖湘优秀文化"，响应国家"文化出海"的号召，进一步打造精品力作，创作出符合主流价值导向的作品，为市场为民众带去喜闻乐见的走心作品；重点扶持、潜心培育一批具有国际品牌知名度和业界影响力的本土原创动漫游戏企业。组织动漫游戏企业申报原创作品项目，建设线上原创作品资源库；在企业和品牌聚群化的基础上主力推广原创品牌，凭借有深厚文化底蕴和基础的原创品牌来突围。

动漫游戏产业要从高速发展向高质量发展转型，其内容高质量的重要性愈加凸显。积极探索具有湖南特色的湖南动漫游戏产业链有效运作模式、盈利模式、商业模式。抓住文旅融合发展的新机遇，积极探索动漫游戏与旅游产业融合发展的新业态，推动动漫游戏等数字技术更好地服务于旅游产业发展。

2. 探索多元化的盈利模式，提升动漫影响力

基于互联网和移动无线网络两种介质进行传播的新媒体动漫时代已经到来，在未来它将会左右动漫产业发展的整体趋势，成为动漫发展的主力军。未来媒体发展趋势首先是互动性很强，它不再是简单的内容单一生产。它的传播性会更广，尤其与游戏等融合之后，会出现各种互动性的玩法。湖南动漫积极推动动漫产业跨越融合发展，充实动漫内涵。一是以数码动画基础为突破口，以计算机及网络为基础，推动新媒体动漫品牌的发展。借力"互联网+"，实现传播载体的新拓展；结合 AR、VR 等新科技，实现产业的叠加和升级。二是要倡导与其他产业融合发展的"大动漫"理念。倡导动漫作为精神产品以及民生产品的理念，让民生经济，甚至让其高科技、应用、医疗挂

钩，破除固守在传统的娱乐产品、精神产品、文化产品的"狭隘动漫"，丰富动漫品牌意义。三是开发和拓展培育品牌的平台。开发和拓展培育动漫品牌的平台，公共技术服务平台、投融资平台、行业服务平台、媒体播出平台、运营平台、节会展示平台、衍生产品销售和展示平台、人才培养平台。创立优秀动漫创意项目扶持专项资金，重点扶持动漫产业基地、动漫龙头企业、动漫产业和产品品牌及动漫产业出口和创新。

3. 打造和构建动漫产业基地（园区），创新湖南动漫集聚力

目前，湖南动漫产业已基本形成了以湖南高新区国家动漫游戏产业振兴基地和湖南动漫游戏产业园为代表的动漫产业园区，动漫产业品牌集群式发展初显规模，但仍需进一步优化和整合。一是组建动漫游戏集团，占领行业高地。持续推动动漫及游戏企业、投资公司、市及区（县）政府开展相关工作，推动组建湖南动漫游戏集团，整合全省动漫游戏产业资源，聚集中小微企业，以产业龙头的资源带动行业发展。组建湖南动漫游戏集团，有利于精准整合全市大中小微型动漫游戏企业，重振动漫之都的号召力，振兴动漫游戏湘军。二是发挥创意产业园区在动漫产业品牌聚集发展中的作用。进一步加强动漫游戏集聚区建设。加强与当地（广告）产业园的合作，加快湖南数字文化产业创新基地项目建设，集聚动漫、游戏、电竞、互联网等企业，通过以"数字文化""动漫文化""艺术文化"为基调，以"创新基地""动漫互动体验馆——研学基地""实训基地"为核心，大力发展数字文化创意产业，形成融创意产业孵化、创作生产的优质的数字文化产品，积极开拓动漫等数字文化产业新业态。通过集聚，引导企业遵循市场规律，促进合理分工和产业互补，避免同质化品牌竞争，实现差异化品牌发展，以保持产业的地域聚集效应。纵观全国各地的动漫产业集聚区域，湖南在政策资源、企业集群、品牌影响等方面各有优势，要抓住所在区域的核心优势，建立差异化的品牌核心竞争力。

四、关于湖南动漫发展的对策建议

湖南动漫产业亟须从健全发展政策、丰富产品谱系、优化升级产业链条、完善多元化发展模式入手，进一步提升湖南动漫产业的整体层次和发展水平。

1. 进一步加大投入，完善扶持政策

湖南大力开发和投资"互联网 + 动漫游戏"产业。自 2014 年起，湖南省政府将移动互联网产业发展提升至战略发展高度，省、市两级政府推出一系列重点扶持移动互联网产业的相关政策，先后出台了《关于鼓励移动互联网产业发展的意见》《关于鼓励移动互联网产业发展的若干政策》等政策。下一步还须加大扶持力度。一是加大资金支持。省文化产业引导资金支持额度应不低于 3 000 万元。各地市文化产业引导资金比照省级资金切块配套。二是加大播出支持。金鹰卡通频道在重点播出本土动漫上做出了很大的努力，要继续鼓励支持金鹰卡通频道增加本土动漫播出比例。同时，以省动漫专项资金为基础，建立优秀动漫节目播出奖励机制。三是加大政策支持。对已有政策进行梳理落实，出台《进一步推动动漫产业发展的若干意见》，从土地、房租、财税、融资、人才引进等方面，落实优惠政策，做大做强麓谷动漫游戏产业园等动漫园区和基地。

2. 进一步整合资源，延伸产业链，打造优势

在动漫游戏等新业态渐成气候形势下，扶持龙头企业，利用资本优势采取市场办法，组织相关动漫游戏企业，构建以大集团统领上下游的发展模式，走大制作、大市场、大产业之路，形成投资、制作、播出三位一体的完整的产业链。二是要发挥行业协会作用，推动中小动漫企业抱团发展，形成动漫衍生品加工生产、销售代理等上下游协同发展机制，打造"动漫军团"。三是坚持品牌带动。要想在市场上众多动漫产品中占有一席之地，湖南动漫游戏产业必须建立自己的品牌。以动漫品牌带动产业开发，构建动漫衍生品开发

产业群，提升产品附加值，促进产业结构调整，实现动漫产业的良性循环。

3. 积极探索动漫游戏企业筹资、融资渠道

一是用好动漫游戏产业发展专项资金，奖励、资助动漫游戏产业。进一步加大文化产业引导资金支持动漫游戏产业的力度，向动漫游戏产业基地、龙头动漫游戏企业、重大动漫游戏发展项目倾斜，帮扶中小微动漫游戏企业。动漫游戏产业科技含量高，应将动漫游戏产业列入湖南高新技术产业，通过相应的财政和税收优惠政策予以扶持。二是加快动漫游戏产业与金融的融合，实现互利共赢。中小文化企业的融资可分为债务性融资和股权性融资两类。债务性融资构成负债，企业要按期偿还约定的本息，债权人不参与中小企业的经营决策，对资金的运用也没有决策权；股权性融资构成企业的自有资金，投资者有权参与中小企业的经营决策，有权获得企业的红利，与企业共担风险。

湖南动漫产业可通过引入外部风险投资来实现良好成长，鼓励以合资、合作、参股等多种形式兴办新媒体动漫游戏企业，增强其市场竞争力。对成长性良好的中小微动漫游戏企业提供政策担保，寻求无形资产作为质押贷款的途径，探索自主知识产权、商标、专利等担保。提供低息甚至是无息贷款，加大对有发展前途的动漫游戏企业产品及服务的投资力度。

4. 进一步完善动漫公共技术平台，升级人才储备

完善动漫游戏服务平台。完善动漫内容创作、素材资源库管理、产品交易、渠道发行与版权保护的服务体系，大力支持基于新媒体技术，以用户喜好、市场需求为导向的"B2C＋B2B"的动漫电子商务平台的建设。鼓励拓维信息、天舟文化、湖南浩丰、蓝猫公司、欣之凯等企业在手机游戏领域进行跨区域、跨行业的并购重组，大力支持手游运营基地建设，打造集运营管理、交易、推广于一体的手游平台。新媒体平台和数字技术的提高发展为动漫艺术设计创作提供了新的创作方式和设计语言，随着动漫游戏产业竞争加剧，平台建设要进一步完善，为企业提供更多的智力支持。建立湖南版权公共交

易平台，推动动漫游戏品牌合法授权经营，查处侵犯动漫游戏知识产权行为，保护动漫企业和动漫游戏原创者的合法利益。同时，以人才集聚推动产业转型，抓住省市相关人才政策，吸引更多的优秀人才回湘。加强与省内外高校和科研机构的合作，通过举办专业研修班、高端讲座等，完善湖南省动漫游戏人才培养体系，提升从业人员素质。建立数字文化创意人才库，协调文创类园区推动园区与行业共建动漫游戏人才孵化基地，完善人才职称评定标准。开发动漫游戏制作软件系统、数据库系统和制作流程的自动化管理系统等，为湖南制作出高科技含量的动漫产品提供技术支撑。继续办好中国原创手机动漫游戏大赛、推动长沙（国际）动漫游戏展成为全国知名动漫展会品牌，对接产业，突出交易。拓宽多平台传播渠道。依托媒体数字化、网络化和移动化发展趋势，积极开拓数字电视频道、视频网站、移动媒体等多平台传播渠道，加大对多元化业务模式和赢利模式的培养力度。继续办好国际动漫游戏展、中国原创手机动漫游戏大赛、中国手机文化产业博览会，为湖南动漫游戏产业发展提供交流交易平台。

第四节 演艺业：从殿堂之上到走近平民百姓

演艺娱乐业是文化产业的重要组成部分，是居民文化消费的重要支撑。湖南作为演艺娱乐业发展较好的区域，行业整体发展态势较好，但离演艺湘军走在全国演艺行业前列的目标要求还有一定的差距，行业内部还存在一些突出的问题，需要通过发展来逐步解决、消化。

一、演艺娱乐业发展状况

近年来，湖南演艺娱乐业整体呈现出"稳中有亮点"的发展态势，行业发展迈出新步伐。

1."创意时代"的湖南演艺业商业化包装和市场化运作获得一定的成绩

湖南大力推动旅游文化演出等新兴业态发展,有效规避了传统的场馆文化演出不景气等带来的影响,为保持演艺娱乐业良好的发展态势提供了支撑。如"在张家界,白天看美景,晚上赏大戏"已成为新的旅游文化体验消费方式。《张家界·魅力湘西》《天门狐仙·新刘海砍樵》最负盛名。此外,还有武陵源的《印象张家界》等,使张家界成为无可争议的全国旅游演艺中心之一。短短十几年,张家界文化旅游业从最初的"小打小闹",逐渐演变成颇具行业竞争力的"新兴产业",被誉为张家界旅游"延伸的美景"。据张家界市统计显示,《天门狐仙·新刘海砍樵》自 2009 年 9 月开演至 2018 年 12 月,共演出 2 533 场,接待 50 多个国家近 350 万游客,被中外游人誉为"中国山水百老汇"。《张家界·魅力湘西》2018 年共接待世界各地观众 130 万人,和 2017 年同比增长 13%,创历史最高纪录。《张家界·魅力湘西》作为张家界文化旅游主打"名片"之一,问世以来,已累计演出 7 000 多场,接待海内外观众 1 500 多万人。湖南演艺娱乐业也推出了一批新品力作,相关产品取得较好的市场成绩。如韶山《中国出了个毛泽东》,凭借真实的表演、真实的特技,深度还原了举世无双、艰苦卓绝的长征史诗,全面反映了"一不怕苦、二不怕死"的长征精神。截至 2016 年 10 月,观众上座率和票房收入一直以每年 30% 的速度递增,已然是湖南红色旅游新名片,正深度感染和影响着每年赴韶山旅游的千万游客。还有宁乡《炭和千古情》,炭河古城占地 130 亩,园内有和周文化相关的主题景点 20 余处,每日上演主题演出《炭河千古情》。截至 2019 年,古城开业,《炭河千古情》共上演 1 500 余场,最高峰时一天上演 8 场。根据园区提供的数据,入园游客 90% 都会选择观看演出。以一场爱情演出为龙头与核心,带动整个古城的旅游,这一策略获得了成功。自 2017 年 7 月 3 日开园至今,炭河古城共接待游客 600 多万人次,门票收入 2.2 亿元,带动当地居民就业 5000 余人,撬动当地文化消费亿元以上。单日最高游客人次达 5.6 万。再如湖南省演艺集团话剧《青瓷》受邀在第十届深圳文化博览会艺术节上亮相表演，这些作品的出现既丰富了市场，也提升了文化氛围，促进了文化消费。

2. 以长沙歌厅酒吧为龙头的湖南文化娱乐业也是湖南文化产业的一个重要板块

2008 年，《瞭望东方周刊》评选长沙为全国"最具娱乐幸福感城市"，最重要的理由是长沙拥有丰富多样，群众喜闻乐见的演艺娱乐产业。以省会长沙为龙头，种类全、规模大，经营火爆。湖南地区有文化娱乐市场经营活动的单位，包括夜总会、茶座、歌厅、酒吧、舞厅、娱乐城、卡拉 OK、电子游戏厅等，涵盖娱乐、游艺、艺术团体、文化经纪、营业性演出、歌手、乐手、主持、相声、小品、时装模特、杂技、魔术、气功表演、健美表演等诸多内容。长沙歌厅从 20 个世纪 80 年代末开始兴起，由于形式独特，赢得了市场的青睐，火爆时超过 100 家。经过一个时期的市场竞争，长沙歌厅开始整合各种资源，具备一定实力的有十多家。它们大多具有相当的规模，集聚在解放西路街区，一年演出 362 天（除正月初一至初三），全年平均上座率达 90%以上。长沙歌厅的兴起，改变了整个文娱文艺行业的传统演出格局、盘活了部分国有剧场、搞活了演出市场，同时吸引了大批省内外的知名主持人和艺术家，也给定位为娱乐的湖南电视提供了丰富的文化土壤，受到群众的热情欢迎。

3. 行业改革拓展取得新进展

近年来全省积极推动文化演艺行业改革，重点推进行业内部企业兼并重组，推动企业市场化改革。深化文化体制改革，凸显规模聚集效应。2013 年，为加快发展文化产业，促进文化强省建设，省委、省政府决定成立由湖南省杂技艺术剧院有限责任公司、湖南省话剧团有限责任公司、湖南省歌舞剧院有限责任公司、湖南大剧院、湖南省演出公司、湖南文化娱乐中心、湖南文化音像出版社、湖南省文化物资公司 8 个单位组成的湖南省演艺集团有限责任公司。2014 年完成相关资产交接、工商登记等工作。2014 年，演艺集团文化体制改革进一步深化，湖南演艺集团在已有机构的基础上成立了针对大型演唱会运营、艺人经纪等领域的全机构——木子时代传媒有限公司。一方面为湖南的演出界带来更多国内外顶尖艺术家的演出，引进大批优秀艺术家走进湖南，另一方面也致力让湖南的高雅艺术走出去。木子公司的建立标志着演艺集团完成转企改制后，进入重塑市场主体、大胆走向市场，促进文艺产业集约化、规模化发展的新阶段。湖南演艺集团的运营标志着湖南国有文艺院团在完成转企改制以后，促进演艺产业集约化、规模化发展的新阶段。2015 年，湖南省委成立八大文化产业集团，湖南省演艺集团是其中之一。湖南省演艺集团是湖南省大型公益性国有文化企业，由省杂技艺术剧院、省话剧院、省歌舞剧院、湖南交响乐团、湖南大剧院、省演出公司、湖南文化娱乐中心、湖南文化音像出版社、省文化物资公司、省文化艺术培训中心等单位及若干合作机构组成。

4. 演出走出去迈出新步伐

湖南演艺娱乐业积极利用各种平台开展对外交流合作，努力拓展国内国际市场，如省杂技艺术剧院赴广东省演出大型多媒体梦幻杂技剧《芙蓉国里》，省话剧院话剧《老阿姨》在萍乡市首演并在江西展开巡演。国际市场方面，湖南省杂技艺术剧院曾赴卡塔尔参加"中国文化周""欢乐春节"活动，赴澳大利亚、瓦努阿图参加"欢乐春节"演出和堪培拉"多元文化节"活动，省歌舞剧院曾赴非洲贝宁等国演出，省演艺集团更是组建了中华茶礼艺术团参加乌兰巴托中国茶文化艺术展。近几年，长沙致力打造"东亚文化之都"每年组织 2～3 支文艺家队伍开展国际城市双方互派的艺术交流活动。2018 年 5—6 月到白俄罗斯参加白中旅游年文艺创作活动，并与摩洛哥、塞浦路斯、冰岛、日韩、罗马尼亚等国家洽谈双方的文艺交流活动等。

二、湖南演艺业发展的特点

湖南演艺业适应市场环境变化，演艺娱乐相关企业以市场需求为导向，以基础设施建设为抓手，以战略合作为突破口，以专业分工为手段，努力提升可持续发展能力。

1. 以市场化为导向，大力提升可持续发展能力

市场是演艺娱乐业生存发展的根本，只有拥有足够的市场份额才能保障演艺娱乐企业的利润，才能实现行业的持续健康发展。行业内部企业采取积极的举措，大力推动国内市场开拓，如琴岛演艺面对市场的不景气，采取了降价等销售举措以吸引更多的消费者。与此同时，行业积极实施"走出去"战略，大力开拓省外乃至于国外市场，如省演艺集团下属企业积极参与各类国际演出，业务范围不断拓展，市场空间不断扩大。良好的消费环境与差异化发展促进产业兴旺。长沙歌厅，常演不衰，长沙酒吧，如日中天，形成了规模、制造了品牌、构建了模式、产生了效益，双双成为全国瞩目的文化现象。湖南有最好的文化消费群体、消费方式和消费习惯。在长沙歌厅，一半以上是本地人士在消费。因为有良好的消费环境，演艺娱乐也在湖南特别是长沙实现了差异化竞争和发展。如田汉大剧院的大制作、大手笔，欧阳胖胖的原汁原味、土洋结合，苏荷酒吧靠音乐取胜等，都具有相当高的知名度。

2. 以基础设施完善为抓手，大力巩固发展基础

完善的基础设施是文化产业发展的必要支撑。面对演艺娱乐行业发展对设备、场馆等有着较强需求的现实，省内大型演艺企业积极推动基础设施建设，努力提升发展能力。如湖南文化广场（二期）工程开工建设，该工程占地8.79亩，工程建筑面积约76 000㎡，计划总投资5.5亿元。再如，湖南省歌舞剧院有限责任公司整体搬迁梅溪湖工程也已经启动，这些工程必将为演艺娱乐业的发展提供有效的支撑。

3. 以战略合作为突破口，大力拓展发展空间

在文化消费市场景气度不高的现实压力下，演绎娱乐业要实现市场突围，必须积极谋求外部合作，通过战略合作等方式实现突围。如红太阳演艺集团积极与广东海印集团股份有限公司战略合作，海印股份首批注资 1.8 亿元，全面助力"红太阳演艺"在文化产业领域的发展。同样以红太阳演艺集团为例，该企业积极参与由中国众多优秀演艺文化企业共同形成的战略联盟，联盟企业积极进行交流互动，现有十余家不同形态的演艺文化企业，观众上座率较高，内部经验交流将为企业发展提供更多借鉴。

4. 以内容为王道，大力打造演艺精品

高质量的旅游演出能得到游客的认可，但如果旅游演出大同小异、粗制滥造，便会没有市场，就会变成或被淘汰的"过剩产能"。随着旅游演出的兴起，观众的审美也在提升，不再仅仅满足外在舞美，声、光、电的炫目，更注重故事和体验以激发内心感悟，匆忙跟风、同质化的旅游演出项目得不到观众的认可，越来越被时代浪潮所淘汰。只有深掘当地文化，把经典的场面再现于舞台上，才能让观众产生共鸣。创新演艺节目内容的来源与形式，将国际（长沙）新锐话剧季、橘洲音乐节、新春演出季、《中国出了个毛泽东》《魅力湘西》《天门狐仙》等演艺节目打造成宣传中国梦、社会主义核心价值观、弘扬湖湘文化的有力载体与平台。丰富演艺节目的舞台与表演形式，舞蹈诗、杂技剧、舞台剧、音乐节、山水实景演出等现代演艺节目发展迅速。湘剧、祁剧、苗剧、花鼓戏等传统演艺节目的发展与"走出去"步伐加快。

5. 以专业分工为手段，良好的市场运作模式和关联产业链条，大力提升运营能力

随着演艺娱乐业的发展以及观众欣赏水平的提升，演出队伍必须更加注重市场细分，必须专注于目标市场，这样才能提高演艺水平。近年来，湖南相关专业企业发展态势良好，一批专业性强的企业注册运作，如省演艺集团木子时代传媒有限责任公司、省演艺集团新大雅艺术教育机构有限责任公司等企业开始登上历史舞台。这种专业化的发展模式也为集团业务拓展提供了助力，在全国演艺行业普遍下滑的背景下，近年来省演艺集团实现了演出场次和演出收入的稳中有增，集团所属文艺院团及大剧院、演出公司的主营收入均保持了 10% 左右的增速。湖南文娱资源丰富，有世界非物质文化遗产湘昆剧团，有湘剧、京剧、话剧、花鼓戏、杂技、皮影木偶、歌舞等 7 大省直专业剧团，有以"红太阳"为龙头的长沙歌厅、长沙演出酒吧等全国知名的民间演出系统，有长沙创意的映山红民间戏剧节，有广电发起的"十九和弦"与"公共大戏台"，有电视娱乐助阵的新人新品，在市场中，上下衔接，左右贯通。在湖南卫视带动的电视娱乐文化、湘菜为特色的地方餐饮文化，健康足疗为补充的休闲文化，消费为配套的酒吧文化共同的渗透和影响下，湖南文娱业形成规模效应、互动共赢的局面。湖南演艺业特色老店——琴岛走出湖南，在武汉、南昌开设分店，缔造了影响全国的"琴岛模式"。2016 年，琴岛搬迁至长沙红色剧院，由原来的3 000 个座位缩减到 800 个，实行精品演艺模式。节目内容上，琴岛以湘绣、湘瓷等湖湘文化为创作元素，创作了《绣色天湘》《盛世铜官》《我的长沙》等舞台剧目，弘扬和传播湖湘文化。同时，琴岛还根据市场调研反馈打造了儿童剧场。"红太阳"从 2016 年开始，向影院等更新型的文娱企业取经，逐步建立起"红太阳"市场大数据分析，依靠大数据分析的结果，打造了一整套的集网络宣传推广、自主选座、线上支付、自助取票一体化的全方位网络信息化、智能化的文化消费模式。

三、湖南演艺业存在的主要问题

虽然湖南演艺娱乐业发展取得了一定的成效，但同时也存在如企业发展能力低、发展要素不足、发展要素质量不高、发展环境有待改善等方面的问题。

1. 企业发展能力低

湖南演艺娱乐业内部企业发展能力存在不足。一是基础条件相对落后，大量演艺娱乐企业缺乏办公用房、训练用房。此外，演艺娱乐企业还存在设备老化、陈旧等方面问题。二是市场拓展能力有待增强。部分演艺娱乐企业如节庆演出企业缺乏准确的市场定位，尚未建立适应市场经济的营销体系，导致企业难以适应市场变化，使得整体收入大幅度萎缩。三是改革遗留问题亟待解决。例如，省演艺集团旗下几个事业单位在完成改革之前及改革之后如何有效管理，这一问题若解决不好，将影响集团发展战略的整体推进。

2. 发展要素不足、质量不高

湖南演艺娱乐业发展存在要素不足、质量不高的问题。一是资金要素不足，大量的演艺娱乐企业特别是市州企业难以有效获得银行等金融机构的资金支持，更多的只能依靠政府财政资金支持，影响了企业的做大做强。二是人才等要素不足、质量不高，人才结构性矛盾十分突出。创意型人才、经营型人才严重不足，演艺娱乐业中缺乏对行业有深入了解又能够准确把握市场规律，善于经营的高素质人才，在一定程度上制约了行业发展。

3. 发展环境有待改善

湖南演艺娱乐业发质环境有待改善。一是部分行业利润出现较大程度下滑。受国家政策调整的影响，全省演艺娱乐市场受到不同程度的冲击。二是市场竞争激烈，低水平竞争现象较为明显，除部分精品力作外，大量演艺娱乐企业存在产品重复、目标对象同质等方面的问题，企业面临转型升级压力。

四、湖南演艺业发展思路

湖南演艺业要进一步发挥市场在资源配置中的决定性作用，充分运用现代科技手段进行产品开发，努力打造一批市场空间大、特色鲜明的演艺产品。

积极采取市场化手段进行运作，加快推进国有企业改制，全面推进企业集团化、规模化发展，努力培育若干市场知名度高、经营管理能力强的行业领军企业，努力提升行业可持续发展能力，为实现演艺湘军走在全国前列提供更为有效的支撑。湖南演艺娱乐业面对较为严峻的宏观环境，积极做好民品、集团、整合、改革四篇文章，努力走出具有湖南特色的演艺娱乐发展之路。

1. 做好"名品"文章，走品牌发展之路

湖南演艺业要积极开发新产品，开发高质量的产品，走出一条具有湖南特色的演艺产品品牌发展之路。如《中国出了个毛泽东》这一作品创造就是一个品牌打造过程，该作品将高科技融入舞台设计等过程中，在演出舞美视觉方面，该作品更是邀请专业人员为其进行创意设计，以此提升全剧艺术感染力。同时，对于已基本成型的演艺娱乐产品，要不断地改进以提升产品品质，使产品的知名度和市场接受度始终保持在较高的水平，如已经具有较大影响的作品《天门狐仙·新刘海砍樵》，要对其继续进行升级改造。推动互联网平台建设。整合全省演艺娱乐资源，大力支持湖南演艺娱乐网的建立。借助移动互联网、无线宽带等网络技术的发展，支持专业化的湖南演艺娱乐在线视频门户网站和移动艺术教育课堂建设，探索直播、点播、回看、定制等新兴商业模式，大力支持手机客户端、移动设备客户端的开发。整合演出商、剧场、代售票点等机构资源，借助移动客户端、微信、微博等新型传播媒介及电子支付的力量，构建票务营销体系和宣传推广体系，打造统一的票务网络平台和宣传推广平台，面向公众服务，实现资源最佳配置，减少运营成本。

2. 做好"集团"文章，走抱团发展之路

演艺娱乐业企业特别是领军企业应适应市场发展形势的需要，大力推动集团化运作，采取"抱团"发展模式开展业务。例如，红太阳演艺集团努力将业务划分为四个板块，即"剧场演出""实景演出""酒店演艺经营"，以及"大型文化综合休闲产业园"。要继续力求通过抱团作战的方式，开创文化产业新天地。此外，省演艺集团等企业都采取了集团化模式进行运作，这对

于提高演艺娱乐企业市场竞争力具有重要的意义。

3. 做好"融合"文章，走文旅发展之路

演绎娱乐业积极整合各种资源，努力推动行业融合发展，其中成效最为明显的是演艺业与旅游业的融合发展，如张家界形成了"白天观奇山异水，晚上赏民俗风情"的良性循环，再如韶山上演的《中国出了个毛泽东》改变了传统的到韶山瞻仰一下毛主席铜像后就离开的红色文化旅游模式，整个韶山旅游景区的人气进一步提升。实际上，融合发展还体现在其他方面，如演艺与科技的融合等，这种融合发展提升了行业的景气度，进一步打开了市场，取得了良好的效果。2015 年，宁乡炭河古城开始建设。炭河古城以炭河里国家考古遗址公园为核心，真实还原和再现3 000年前的西周社会、文化、生产、生活场景，重现璀璨的西周青铜、礼乐文化，打造极具特色和底蕴的永久性旅游目的地。2016 年6 月，炭河古城引入全球主题公园集团十强、中国演艺第一股、连续七届获得中国文化企业 30 强的宋城演艺，双方深度合作挖掘西周文化、青铜文化等长沙及宁乡的文化元素，打造世界水平的大型室内实景演出——炭河千古情。炭河千古情大剧院采用国际先进的水舞台、升降舞台、旋转舞台，可以实现高标准、高质量的演出。因此要继续深入推进演艺娱乐与文化旅游的融合，借鉴《天门狐仙》《魅力湘西》《中国出了个毛泽东》等演艺项目的成功运作经验，探索在南岳以佛文化、寿文化为背景，搭建一台融节会、庙会和宗教特点于一体的参与性强的节目；在花明楼以刘少奇等领袖人物的传奇故事和成长经历为内容，打造一台怀旧、励志的综合文艺节目。

4. 做好"改革"文章，走转型发展之路

湖南演艺娱乐企业大力深化内部改革，努力提升企业的运营能力，特别是适应观众偏好的变化，以及财政购买导向的变化，演艺娱乐企业只有转型才能有出路。实际上，目前大量的以节会演出为主的传媒企业积极向公益慈善、创意会展、商务推广等方向转型，努力通过转型获取市场，重新焕发活力。

5. 做好"设施"技术，走改造升级之路

完善硬件设施建设。鼓励多媒体数字成像技术、3D 激光灯、激光水幕、3D 动漫技术、LED 灯光等高科技产品在演艺娱乐中的运用，加强对演艺娱乐硬件设施改造的支持力度，大力支持明和光电等企业智能型影视演艺 LED 电子显示屏的研发和推广。加大对衡阳、邵阳、岳阳、益阳、津市、冷水江等市县区演艺娱乐中心新建、提质改造的支持力度，鼓励广场电影、汽车影院、戏院等多种类型演艺场所的发展。

五、湖南演艺业发展对策研究

1. 激活企业内生动力，做强市场主体

演艺业走市场化之路，根本上还应该从建立起完善的现代企业制度，激活企业内生动力，做强市场主体做起。一是促进演艺产业的资源整合，形成集约化、规模化、连锁化的经营格局。要在创意中整合，在整合中创新，不仅优化配置集团内的资源，还要整合全省演艺和相关资源，寻求演艺与相关产业的优势互补，谋求演艺与相关领域的融合发展。二是转变投融资方式，积极引入民间资本参与。通过控股的方式兼并重组湖南民营演出企业，并在合作共赢的基础上，与国内外企业形成合作，通过资源与资本嫁接，形成新的商业运作模式。三是积极拓展产业链，借助创意的力量发展文化衍生品，做好从简单的资产整合向资本链接的转变，深入合作延伸产业链条。演艺业要由从单一的艺术表演型向文化创意综合型迈进，从单一的引进演出模式向自行生产开发具有文化知识产权的艺术精品方向迈进。

2. 寻求社会各界支持，创建良好发展环境

湖南演艺业发展离不开政府及社会创造的良好发展环境。在遵循市场经济规律的前提下，寻求社会各界支持。一是寻求政策支持。政府通过制定文

化产业相关的扶持政策和税收优惠，减轻企业的经济负担，从而提高演艺集团的经营绩效，提高社会投资的可能性。二是寻求相关项目支持。以政府采购的方式对公司的公益性文化服务"埋单"，通过合同明确政府部门、企业之间的权利和义务，达到政府和企业"双赢"的效果。三是寻求相关部门能够制定"走出去"扶持办法，提供更加优惠的对外宣传平台，让湖湘文化随着演艺企业走向国际大舞台。四是寻求政府环境支持。强化政府搭台、组织和服务等功能，改善市场机制，优化发展环境。如实行文化引导资金对高雅艺术票价的补贴，在各类文化艺术周和演出季活动中，推出大众化的散票价，培养观众良好的观看演出的习惯。

3. 实施精品带动战略，打造文化品牌

演艺业要用好的作品吸引观众，以精品占领市场。一是重视内容生产。注重时尚和现代元素，满足观众多元化、多样化的需求，推出一批兼具思想性、艺术性、观赏性，且具有广泛影响力和持久竞争力的文艺精品。二是打造特色品牌。挖掘"湖湘文化"的底蕴内涵，侧重现实题材、重大历史题材，以大型文艺演艺项目为中心，打造具有自身特色的演艺品牌，求新、求变、求专、求特色，形成核心竞争力，形成"千人千面"，巩固观众圈。三是推进科技与演艺融合。加大投入，提高科技在演艺节目中的含金量。探寻演艺产业发展的新趋势，集合科技含量，为节目升级奠定新的发展空间，如利用数字三维虚拟展示、声光多媒体等先进技术，提升传统演艺内容。

第五节　湖南会展产业：文化创意"特展"迅速崛起

会展业是现代服务业的组成部分，对经济的带动作用进一步增强，已成为经济增长的"加速器"、城市发展的"助推器"、城市形象的"传播器"、劳动就业的"吸纳器"。会展是对外开放和经济合作的重要平台，而品牌展会展示的是产品与技术与城市形象，其能有效地提升城市的综合服务能力，提

高城市科技创新水平，带动城市经济的持续发展与社会进步。近几年来，湖南会展业由经济贸易展的一统天下到文化创意"特展"迅速崛起。

一、湖南会展业发展的现状与基础特征分析

近几年来，湖南会展业继续保持良好的发展势头，进入快速发展时期。

1. 规模数量逐步壮大，带动作用持续走强

湖南会展业保持了持续健康发展的良好态势，会展业规模不断扩大，经济效益节节攀升。2017 年湖南举办的展览会数量、规模明显地增多和扩大，共举办展览及会议节庆活动 846 个，较上年增加 86 个，同比增长 11.32%；会展经济实现直接收入近 30 亿元，同比增长 15%；其中，省内大型展览会 410 个，较上年增加 47 个；举办全国性以及国际性会议 277 个，较上年增加 11 个；全省举办重大节会 159 个，较上年增加 28 个。①

2017 年在 410 个较大展览会中，共涉及 20 个行业，教育、培训以及艺术类展会数量排名第一，由 2016 年的 114 个增至 240 个，占比达 58.54%，首次超过汽车、交通工具及配件类展会。生物、医药、保健、化工、环保、能源等战略新兴产业展会数量仍然相对较低。市州办展势头强劲，以长沙为中心，长株潭地区、洞庭湖地区、湘南地区、大湘西地区会展业协调发展的"一中心四板块"会展业发展格局初步呈现。2017 年，长沙举办大型展会的数量超过全省一半，占比达 54.88%，株洲、常德、衡阳、郴州、岳阳、邵阳分居其后，总占比 32.2%，会展业区域差距逐渐缩小。

2. 展会质量大幅提升，品牌影响日益扩大

湖南以打造国际化的会展中心为目标，通过举办层次高、规模大、品牌

---

① 2017 湖南会展业发展报告：会展经济实现直接收入近 30 亿元，http://hunan. voc. com. cn/xhn/article/201806/201806050939566500. html，2018 - 6 - 5

响的展览会议，极大地促进了湖南国际化展会水平，有力地带动了湖南会展经济向高端化、国际化迈进。湖南培育了一批有一定影响和发展潜力的展会品牌和项目。如中国（湖南）国际矿物宝石博览会、中国中部（湖南）国际农博会、中国（长沙）科技成果转化交易会、中国中部（长沙）国际装备制造业博览会、中国（长沙）国际汽车博览会、中国国际节能减排产业博览会、中国湖南（国际）艺术博览会、湖南省农业机械、矿山机械、电子陶瓷产品博览会、湖南家居博览会、湖南浩天广告四新展览会、湖南省茶业博览会、湖南安防器材展、湖南汽车展、长沙动漫游戏展等等。在展会品牌培育上加大投入，促进会展经济加快发展。积极引进国家级展会项目，由商务部和湖南省人民政府共同主办的中国食品餐饮博览会于2016—2019年在湖南长沙举办，2016第七届中国卫星导航年会暨展览在长沙成功举办，中国机场设施论坛及机场设备展于2016—2019年在长沙举办；在展会品牌方面，湖南省近年成功打造了一批品牌展会，比如中国中部（湖南）国际农博会、中国（长沙）国际汽车博览会、中国中部（长沙）国际装备制造业博览会等。2016年，长沙市被评为年度中国十佳品牌会展城市，举办了一系列具有国际影响力的品牌展会。比如，永久落户长沙的中国国际轨道交通产业博览会，吸引了中国中车、中国通号、中国建筑、华为科技等150余家国内外知名企业参展。在湖南郴州举办的第四届中国（湖南）国际矿物宝石博览，更是聚集了来自美国、德国、澳大利亚、加拿大等40多个国家的顶级宝石。

3. 新兴模式加速涌现，网上线下融合并进

信息化、数字化等新兴技术在会展业中的广泛运用，不仅助推了湖南会展业的转型升级，同时也涌现出许多创新的商业模式。可以观察到：从网上线下会展的融合发展，到会展科技资本的融合，都充分体现出"会展与科技融合发展"的总体趋势。如中国中部（湖南）国际农博会变身为线下展示和网上销售的新模式，并结合互联网超时空限制的特点，变成了移动互联网上"永不落幕"的农博会，成为年度专业观众最多、成交金额最大的重点展会项目。在2014年中国长沙国际食品博览会的运营中，该展会采取了组建专业营

销团队、建立客服中心、开发客户管理电子系统及二维码、实施境外第三方代理、启用微信官方推广平台等多种专业化和市场化方式，有力地促进了预期目标的实现。

4. 出国参展成绩斐然，国际市场地位强化

随着经济全球化的日益加深，通过参加国际性的展会成为湖南对外展示"湖南智造"的重要窗口和企业加快走出去步伐的重要途径。2015 年，仅省贸促会一家就组织了全省 428 家企业出国（境）参加近 100 个会展项目的活动（包括港澳台地区）。据初步统计，签订进出口贸易合同金额约 268.62 亿元，比 2014 年增加 17.26%。2017 年企业出省和出国（境）展览活动稳步发展，其中企业出省参展项目 52 个，较上年增加 7 个；出国（境）参展项目 118 个，较上年增加 12 个。

5. 加大会展场馆硬件设施建设步伐

在已经建成的湖南国际会展中心、长沙红星国际会展中心、郴州国际会展中心、怀化国际会展中心的基础上，为适应国际会展业转移和国内会展业蓬勃的发展趋势，辐射和引领全省会展经济加快发展。2013 年，湖南省委、省政府决定规划建设长沙国际会展中心。按照规划目标，将长沙国际会展中心建设成为设施先进、配套齐全、国内一流、世界先进的集展览、会议、商务等功能于一体的大型城市会展综合体，把长沙国际会展中心打造成为湖南现代服务业的新平台和对外商贸服务的新窗口。为湖南举办大型展会活动提供良好的条件。场馆设施和配套基础设施会直接增大对建筑、装潢等行业的需求，刺激对相关行业的投资。截至 2020 年，湖南省规模最大的展馆，长沙国际会展中心经过为期 3 年的建设，于 2016 年 11 月开馆投入运营，该建设项目总投资额约 57.8 亿元，总建筑面积约 44.5 万 m^2，会展中心还设有停车场、办公室、多功能会议厅、餐厅、休闲及其他配套设施，直接拉动了对建筑物料、重型机械、办公设备、通信设备等多个行业的投资。随着长沙国际会展中心的正式启用，长沙形成了"1+3"的会展场馆格局，即长沙国际会展中

心、湖南国际会展中心、湖南省展览馆、长沙红星国际会展中心。此外，在湖南市州还有郴州国际会展中心、怀化国际会展中心等。

二、会展业发展面临的问题

会展业虽然进入快车道，但产业总体规模偏小、硬件条件相对落后、知名展会较为匮乏、申办主体培育等问题也亟待解决。

1. 产业总体规模偏小，竞争能力有待进一步增强

2016 年，中部省会四城市展会的专业化水平得到了不断的提升，专业性展览会的数量在不断增多。例如，2016 年武汉共举办 325 场展会，有第三届中国（武汉）国际新能源汽车产业博览会、武汉家博会、中国（武汉）期刊交易博览会等多个专业展会；长沙共举办 201 场展会，有中国（湖南）汽车展览会，展会面积高达 10 万 m^2。① 《中国 2017 展览经济发展报告》显示，2017 年我国展览业呈现数量稳步提高、规模快速增长的良好态势。据不完全统计，全年国内共举办4 022个展览，展览会总面积约为13 470万 m^2，其中经贸类展会占全部展览会数量的 98%。② 据《中国展览经济发展报告 2018》，2018 年，中国境内共举办经贸类展览3 793个，较 2017 年增加 130 个，同比增长 3.5%；举办展览总面积为12 949万 m^2，较 2017 年增加 570 万 m^2，同比增长 4.6%。③ 表 3 - 5　2016 年为长沙市会展业与部分城市的比较。

① 欧阳安贞：《中部会展业发展现状探析——以武汉、长沙、合肥、南昌为例》，《旅游纵览（下半月）》，2017 年 12 期。

② 《2017 年超 6000 亿元！中国展览经济还有多少潜力可挖》，http://finance. sina. com. cn/7x24/2018 - 01 - 13/doc - ifyqqciz6442473. shtml，2018 年 1 月 13 日。

③ 《权威发布！中国展览经济发展报告（2018）》，http://www.sohu.com/a/288341575_ 712818，2019 年 1 月 11 日。

表 3 - 5　2016 年长沙市会展业与部分城市比较

城市	展会数量（个）	直接收益（亿元）	带动效应（亿元）	2013 年城市展览业发展指数
长沙	183	17. 51	159. 21	39. 7
上海	220	97. 21	801. 95	—
南京	330	—	450	77. 05
武汉	550	35	270	34. 64
重庆	662	85. 3	682. 4	119. 14
成都	327	69. 5	583. 8	61. 74

　　同时，从场馆建设来看，不但京沪穗等核心展览城市的大型展馆正在加快改扩建的步伐，一些二、三线城市更是纷纷将兴建展览中心作为推动当地会展业发展，拉动社会经济和城市建设的核心项目。因此，未来地区之间展览市场的差距不仅逐步缩小，竞争也将愈趋激烈。2017 年湖南会展业增加值为50 562万元，占全省文化和创意产业增加值的比重仅为 0.002%，产业规模及对创意产业 GDP 的贡献率明显低于全国平均水平。长沙尽管作为湖南会展业发展的"领头羊"，但会展业发展水平与国内一线城市相比差距明显，还面临着被周边省会城市"后发赶超"的问题，会展带动经济的影响力没有凸显，要实现长沙市政府提出的建设全国重要会展中心的战略目标仍任重道远。

2. 硬件设施相对落后，配套设施有待进一步改善

　　当前，湖南省的展馆规模和办展实力均有所提高，但还尚未实现实质性的突破。与全国其他会展中心相比，目前长沙的展馆面积在全国城市排名中位列 20 名之后，在中部六省省会城市中也仅高于太原，并且自 2005 年之后国内外新建的会展中心均以一层建筑形态呈现，而湖南现有展馆基本都是多层建筑结构，湖南现有展馆设施中，省会长沙市具有代表性的红星国际会展中心、湖南国际会展中心、湖南省展览馆等也均为多层建筑。其余市州的展馆规模一般较小，也很难开展大型的会展工作。另外，从湖南省展馆室内展厅面积来看，目前省内最大的湖南国际会展中心 10 万 m²，虽然占地面积较

大，但国际展位却只有2 000个，特别是停车泊位仅1 200多个，难以满足大型展会的要求，造成湖南省面临无法承接大型展会的窘境。表3 - 6为中部地区硬件设施的比较。

表3 - 6 中部地区展览硬件设施比较（截至2018年）

省份	最大会场展馆	展览面积（万 m²）	国际标准展位（个）
湖北	武汉国际博览中心（中部最大、全国第三的展览场馆）	18	6 880
安徽	合肥滨湖国际会展中心（亚洲展览面积最大及配套设施最齐全的会展中心之一）	14	4 600
河南	郑州国际会展中心	7.4	3 560
山西	山西国际会展中心	5.2	1 176
江西	南昌国际展览中心	6.1	3 400
湖南	湖南国际会展中心	10	2 000

3. 知名展会较为匮乏，区域重点有待进一步突出

通过大型展会带动整个会展产业发展，是国内外许多会展城市最常用也是最有效的发展途径。经过多年精心培育，湖南省已初步形成了以金鹰节、农博会、花炮节、车展为代表的一批本土品牌展会，但与东部会展发达地区相比，这些展会品牌的外部影响力较弱，"本土味"较浓。同时，湖南还没有一个获得国际会展协会（UFI）认证的展会。UFI（国际展览业协会）作为展览业界唯一的全球化组织，被公认为是展览会走向世界的桥梁。中国经 UFI 认证的展会有 60 多个，但没有一个来自湖南。湖南缺乏一批真正有影响力的"国际范"展会品牌，湖南会展业的竞争力大打折扣。此外，目前湖南会展业资源主要集中于省会长沙，省内其他市州受会展资源分布的不均衡性影响，陷入了会展优势难以发挥、会展硬件设施条件难以改善的恶性循环，不能实现会展业与其他产业的有效联动，不能形成促进湖南会展业加快发展的合力。

中部几个城市对比，在专业展会方面，湖南自办的本土品牌展会还是走在前面，特别是这两年依托湖南的资源优势、区位优势、产业优势打造出的品牌展会，在全国逐步崭露头角。但和北上广深等一线城市相比，长沙仍处于会展二线城市，在展览面积、展览规模和国际大展上存在差距。

4. 申办主体亟待培育，市场化进程有待进一步加快

国外会展业发展的经验认为：展会若多由政府出面主办，则展出规模尽管很大，却难以形成产业。从国内来看，会展业发展较好的省市，会展活动基本上以市场为主导（如2014年重庆会展业市场化率已达81.1%），市场化程度的提高，让展会对相关产业的拉动力大幅增强。2014年，尽管湖南会展业的发展取得了一些成绩，但从申办主体来看，湖南几乎所有的大型会展都由政府举办或者政府主导。湖南伴随湖南会展规模的逐步壮大而成长起来的会展企业绝大部分为中小型企业（截至2013年，注册资本达500万以上的大型展览公司仅有6家），这些企业不仅专业化水平较低，缺乏竞争力，更缺乏大型展览策划和会展服务的能力。

5. 会展专业性人才缺乏

按国家职业标准，会展职业资格包括会展策划师、会展设计师、陈列展览设计员，按行业专业标准包括会展业经理人、会展设计师、会展制作师，其他则有会展集训营、企业内训等。湖南大专院校会展专业设置较少，人才培育与供应缺乏支撑，尤其缺乏的是复合型高端会展策划人才。培养高端的专业化、国际化会展人才团队，形成湖南会展文化独有的核心竞争力是会展业发展的关键。

三、湖南会展业发展的路径探析

以建成会展产业大省、中部会展业核心区为战略目标，紧紧抓住现代服务业发展的契机，以强化功能、统筹兼顾、优势互补、错位发展为主线，

突出国际化、专业化、品牌化、市场化和产业化发展的导向，突出政府引导、市场运作、整合资源、打造品牌的发展思路，实现会展业的又好又快发展。

1. 顶层设计与制度创新相结合，推动会展业发展

湖南省委、省政府高度重视会展业的投入与发展，持续加大政策扶持、品牌培育、服务提升的力度，湖南会展发展呈现出新的气象，迈入加速发展的"快车道"。一是深入推动《湖南省会展业发展规划（2013—2020）》（以下简称《规则》）的实施。2016 年省委、省政府出台了 71 号文件《关于促进会展业改革发展的实施意见》（以下简称《设施意见》），提出了"努力建设长沙会展名城和中部会展高地，到 2020 年形成千亿级会展产业"的发展目标。实施意见的出台为今后加快会展业的健康快速发展提供了方向和政策依据。二是创新推动全省会展业审批制度改革。以《规划》为纲领和指导性文件，深入推进会展业的审批制度改革，先后出台了《湖南省节庆论坛展会运动会管理办法》（湘办发〔2014〕16 号）、《湖南省展会审批管理办法（试行）》等文件，这些制度从源头上厘清了商务部门的管理职责、审批权限及程序，对规范全省党政机关、国有企事业单位、社会团体等举办展会，都进行了有效的规定。被人民网、新华网等多家媒体评论是中国"地方打响规范'国字头'会展的第一枪"。在政策配套上，长沙出台了《长沙市会展业促进办法》，不断完善会展扶持政策体系，长沙市形成大会展格局，展览、会议、节庆、演艺、赛事融合发展，通过大胆创新，助推长沙会展经济进入快速道。

2. 政府引导与市场运作相结合，推动会展业发展

湖南有高铁、航空、高速公路等明显的交通优势，拥有相当雄厚的产业基础，这些为各类会展提供了广阔的发展空间。一是实施会展业"千百亿工程"战略。为深入推动湖南经济结构转型升级，大力培育新的经济增长点，通过走访、调研会展企业和查看多个市州会展活动场馆，在认真梳理全省会

展业基本情况，总结经验教训，对会展市场发展进行论证的基础上，形成"打造千亿元会展产业"的报告，并将会展产业列入"千亿元产业"工程进行打造。二是加快会展市场化改革进程。按照国务院统一部署和省委、省政府要求，在各市州政府、省直各单位申报的基础上，只保留了重点展会46个。同时，确定了"落实要求、有序退出、促进产业"，对现有重点展会进行清理审核，2014年，根据国务院统一部署"利用五年时间的机遇提质升级"的发展思路，并以清理工作为契机，对重点展会提出了"规范办展、提质升级、创立品牌"的具体要求。加大对具有国际战略眼光投资者的引进力度，探索对会展业的发展实行"负面清单"管理的模式，充分激发民间资本进入会展业的活力。

以区域协同与品牌打造相结合推动会展业发展。一是积极构建以长沙为中心的区域城市会展体系。按照《规划》中的会展产业空间格局，着力打造以长沙为核心，以长株潭、洞庭湖区、大湘南、大湘西为四大会展业发展板块的"一中心四板块"区域会展城市体系。加快推进长沙国际会展中心、郴州国际会展中心等展馆建设，在株洲、湘潭、岳阳、张家界等市规划建设集国际会议、展会、演艺、赛事、接待等于一体的多功能场馆。并将对湖南国际会展中心、湖南红星国际会展中心、湖南省展览馆、岳阳市文化艺术会展中心等进行提质改造纳入会展业发展的工作范畴。二是大力实施全省重点展会及品牌培育工程。要充分利用湖南更加优越的区位和发达的交通，将其转化为湖南会展业的发展优势，加大对具有国际影响力的品牌会展的引进与打造，使其能在湖南落地生根。加大对湖南各市州上报的重点培育展会的支持力度，努力将其打造成精品展会、强势会展品牌。

3. 新兴业态与新兴模式相结合，推动会展业发展

抢抓会展业，实现移动互联网融合与升级的发展机遇，大力实施会展业"互联网＋"战略，从传统会展向现代会展转变，推动湖南会展业的信息革命，加大对网络营销、举办网上展览会等的支持力度。一是延伸会展业的产业链条。深度挖掘、整合、联动相关产业资源，在展会、会议、节庆协调发

展的基础上，积极拓展和延伸相关产业链，促进会议、展览、节庆与商贸、物流、旅游、文化、广告、媒体、演艺、体育等相关行业融合发展。二是创新会展业的商业模式。在大力提升传统会展业的同时，注重引入科技手段助力会展业的发展，实现会展信息的收集、传递、处理的电子化和自动化。建立场馆管理信息平台，推进"工程机械"会展平台建设。发展网络展览、网上交易会等新兴平台，实现实物展览与网上展览、现场交易与网上交易良性互动。

四、关于湖南会展业发展的对策措施

湖南会展业面临着"一带一部"建设的重大机遇，还拥有湖南成为我国区域性综合交通枢纽的战略优势，为湖南会展业聚集更多的人流、物流、资金流、商品流、信息流提供了极为便利的条件。

1. 健全会展业管理体制机制

建立各级会展工作管理和协调机构，加强对会展业发展的规划、管理和协调，形成各级政府及其相关部门、企业、社会力量等共同参与的会展产业发展机制，分别明确会展工作管理部门、分管领导及主要工作人员，初步建立工作联系机制。鼓励并支持会展行业协会和相关专业性行业组织依法依规开展行业活动，引导会员规范经营，充分发挥行业的自律作用。

2. 加大会展业政策支持力度

除设立湖南省重点展会培育项目等专项资金支持重点会展品牌外，还须陆续出台相关政策为会展业发展助力，要制定相关规划，把长沙打造为国际会展之都。同时，湖南还要加快落实中央及湖南支持服务业发展的各项税收和用地优惠政策，减轻会展企业税费负担，增强企业及社会各界办展引展的积极性。要完善会展业统计制度体系，要摸清湖南会展业的家底，跟踪会展业发展的质量与水平，进一步促进会展业的健康发展。

3. 加强理论与实际部门的交流合作

人才的培养首先要依赖于学校教育，尤其是以高等院校为主的会展专业教育，通过全面高质量的课程来提升学生的综合素质。支持高等院校、科研院所加强会展相关学科建设，在人才培养、重大理论问题研究、会展研究机构设立等方面加强与高等院校的交流合作，编制《湖南会展业发展规划》，合作建立湖南会展新媒体平台。倡导校企协作，实现资源共享和优势互补，培养高级应用型会展人才。充分整合社会教育资源，构建由学历教育、职业技能培训、职业资格认证相结合的会展人才培养体系。加大对人才引进力度，注重会展人才引进与重点会展项目引进相结合。

4. 着力推动科技创新和提质增效

以信息技术为核心的高新科技在文化领域的应用越来越广泛，已经成为文化发展的重要引擎。湖南会展业须更多关注行业的深度融合和科技创新，将互联网、大数据、人工智能、人脸识别、虚拟现实等新兴技术广泛应用到市场营销、供需配备、展馆服务、展览展示服务等各个环节，提高会展资源利用效率和参展参会客商的便利性，提升会展业智能化管理。湖南会展业必须进行品牌创新，走品牌化发展道路。通过对地域文化、民族文化进行深挖，通过文化和"互联网 +"的结合，不断丰富展会的品牌内涵。推动会展业更多服务优势行业形成市场主体，为企业开拓国际市场创造有利条件，推动企业进入全球价值链中高端。推动会展业更多地聚焦人民群众高品质生活，助力扩大消费和消费升级。

第四章 湖南区域文化产业发展研究

　　2016 年，湖南出台了《湖南省"十三五"时期文化改革发展规划纲要》，按照产业集聚、功能分区、错位协同、均衡发展的规划理念，突出龙头带动、加快圈层辐射、强化极核支撑，构建了"一核两圈三板块"的文化产业发展格局。"一核"，即以长沙、株洲、湘潭三市为支撑的文化产业核心区。"两圈"，即以省会长沙为中心，从空间区位和高铁、高速公路交通关联上划分的内环协同和外环联动两大文化产业集聚发展圈。"三板块"，即大湘西、大湘南和环洞庭湖三大文化产业发展特色功能区域。

　　从湖南文化产业的分布来看，文化产业的区域发展不够平衡。长株潭核心增长极一家独大，环洞庭湖、大湘西、大湘南三大板块合计占比不足 50%。2015 年长株潭地区、大湘南地区、大湘西地区、环洞庭湖地区文化产业增加值占全省的比重分别为 59%、14.6%、10.1% 和 16.3%。尤其是省会长沙市的文化产业增加值遥遥领先于其他地区，总量达到 774.73 亿元，占全省总量的 45.4%。2016 年长株潭地区、大湘南地区、大湘西地区、环洞庭湖地区文化产业增加值占全省的比重分别为 56.27%、15.13%、11.05% 和 17.56%。省会长沙实现文化和创意产业增加值 811 亿元，占全省总量的 42.4%。湖南省文化产业要继续突出长株潭这一个核心，而且要在环洞庭湖、大湘西、大湘南地区，培育更多的增长引擎，才能形成纲举目张之势，对湖南发挥良好的辐射带动作用。2012—2017 年文化和创意产业区域发展情况见表 4 - 1。

表 4 - 1   2012—2017 年文化和创意产业区域发展情况

区域名称	2012 年文化和创意产业增加值（亿元）	2017 年文化和创意产业增加值（亿元）	2013—2017 年年均增速（%）
长株潭核心区（含长沙、株洲、湘潭）	711.55	1 182.7	10.7
环洞庭湖（含岳阳、常德、益阳）	197.57	371.5	13.5
大湘南板块（含郴州、衡阳、永州）	161.5	313.3	14.2
大湘西板块（含自治州、怀化、张家界、邵阳、娄底）	120.35	244.5	15.2

第一节　长株潭地区文化产业发展

作为湖南省经济发展的核心区，"长株潭"地区文化产业发展同样独领风骚。长株潭地区是湖南文化和创意产业的"一核三板块"总体空间布局的核心区和区域性文化创意中心。

一、长株潭文化产业发展状况

近年来，长株潭地区大力推动文化产业扩量提质，文化产业高位运行，总量规模不断壮大且保持持续快速发展势头，文化产业发展成就斐然。

1. 文化产业发展迅速

长株潭文化产业保持良好的发展势头，一是文化产业规模不断壮大，从增加值来看，2017 年，长沙全市文化产业总产值为 2 866.3 亿元，增加值

902.6 亿元，文化和创意产业占 GDP 比重 8.84%，2017 年长株潭三市文化产业发展整体状况见表 4 - 2。二是文化产业保持高位运行态势。从增速来看，长株潭地区文化产业增加值增速明显快于地方经济增速。长株潭地区是湖南文化产业集聚发展水平最高的地区。2016 年，长沙、株洲、湘潭地区文化和创意产业增加值合计 1 075.4 亿元，占全省比重的 56.3%。2017 年，长株潭地区文化和创意产业总产出 3 796.2 亿，增加值合计 1 182.7，占全省比重分别为 57% 和 56%。长株潭地区规模以上文化产业企业 1 602 家，占全省的比重超过一半，为 50.7%；单位平均营业收入达 17 427 万元，超过全省单位平均营业收入（13 869 万元）3 558 元；实现营业收入 2 791.79 亿元，占全省 63.7%。三是产业体系逐步完善。长株潭依据历史与文化的传承，实行 "错位分工"，各自明确发展重点和发展方向，努力打造具有自身特色的文化产业体系。表 4 - 2 为 2017 年长株潭三市文化产业发展的总体状况。

表 4 - 2　长株潭三市文化产业发展总体状况（2017）

地区	总产出（亿元）	增加值（亿元）	占 GDP 比重（%）	主要特色行业
长沙	2 864.4	902.6	8.88	广播影视、网络新媒体、动漫游戏
株洲	591.7	179.6	7.1	炎帝文化、陶瓷文化、服饰设计
湘潭	340.2	100.5	5.01	文化旅游、创意设计、工艺美术

2. 文化设施不断完善，文化产品不断涌现

长株潭大力推动文化基础设施建设，大力开发文化产品，努力提升文化发展能力。一是公共文化服务建设取得积极进展。文化馆、图书馆、文化站、农家书屋、文化活动室不断增多，覆盖面不断扩大。近几年，长沙市全力打造 "文化地标"，投入 17 亿元建成滨江文化园 "两馆一厅"，即市图书馆、市

博物馆、市音乐厅，切实抓好"两馆一厅"的后续建设和运营管理。基层文化设施网络全面升级，区县（市）图书馆、文化馆100%达到国家一级标准，80%的区县（市）建有文体中心。建成设施先进、服务功能完善的示范性乡镇（街道）综合文化站158个，村（社区）综合性文化服务中心700个。建设图书馆分馆113个、地铁自助图书馆5个、24小时街区自助阅览室7个，文化馆分馆50个，推动图书馆分馆与全市1 364个农家书屋联建共享，将图书馆、文化馆建到了老百姓家门口，做到了使市民幸福感在家门口升级。株洲市图书馆、博物馆、美术馆、文化馆、戏剧传承中心等"四馆一中心"建设进展顺利，规模和档次水平位居全省前列，已投入营运的神农大剧院是省内与长沙梅溪湖并列的两家最好的剧院之一。基本建成以市级文化设施为标志，县（区）级文化设施为主体，乡镇村基层文化设施为载体的"广覆盖、保基本、功能全"的公共文化服务设施体系。二是为人民群众提供丰富多彩的公共文化产品，落实文化惠民工程。长株潭实施全民艺术普及工程，大力建设文化馆数字化服务平台和远程艺术辅导培训系统。长沙实施文化场馆共享工程，整合"百姓大讲堂"，联动国有、民办博物馆和美术馆推出"百姓大展厅"，依托长沙音乐厅、实验剧场、湘江剧场定期举办活动。实施文化民生工程，大力开展"五送五进"活动，即送戏、送电影、送图书、送展览、送讲座，进农村、进社区、进校园、进企业、进军营活动。2018年，株洲文体服务与数字文化产业、文化消费融合平台——韵动株洲开发建设运营"湖南公共文旅云"，通过整合全省文旅资源，构建覆盖全省、互联互通、便捷高效的立体式公共文旅服务网络平台，实现全天候和动态化管理，打通公共文旅服务"最后一公里"，让百姓足不出户就可享受到政府提供的文旅服务。

3. 文化市场活力不断提升

长株潭地区努力壮大市场主体，提高文化市场活力。一是文化市场监管体系不断健全。长株潭地区高度重视文化市场建设，严格执行文化市场准入制度，逐步放宽市场准入条件，坚持日常监管与专项整治相结合的原则，加大稽查力度，消除行业垄断，文化发展环境不断优化。二是努力培育壮大市场主体。参与文化建设的企业主体不断增多，2018 年，株洲市规模以上文化及相关产业企业实现营业收入 242.61 亿元，同比增长 13.35%，增速高于上半年 5.35 个百分点。湘潭规模以上文化和创意产业企业个数 2015 年为 79 个，2016 年 171 个，2017 年 203 个。规模以上文化和创意产业企业主营业务收入 2015 年为 207.8 亿元，2016 年为 282.1 亿元，同比增长 35.7%，2017 年为 312 亿元，同比增长 10.6%。2017 年长株潭文化企业主要指标见表 4 - 3。

表 4 - 3 2017 年长株潭文化企业主要指标 单位：家

	企业个数（个）	从业人员（人）	资产总计（万元）	营业收入（万元）	主营业收入（万元）
长沙	1 113	163 818	16 301 950	15 808 546	15 695 734
株洲	355	116 473	7 858 325	3 672 151	3 668 033
湘潭	195	15 114	1 100 408	1 369 112	1 358 393

4. 大力推动文化产业融合发展

近年来，以"文化＋"为代表的文化领域在全国掀起发展浪潮，各地纷纷结合区域产业发展优势，大力促进产业融合发展。作为创新型和文化名片城市，长沙狠抓文化科技融合，充分发挥国家级文化和科技融合示范基地品牌效应，努力使文化元素融入各类产业发展，依靠科技力量促进文化进步。2018 年全市规模以上高新技术文化企业实现营业收入 267.8 亿元，同比增长 22.2%，远高于全部规模以上文化企业平均水平；拥有研发人员 6 567 人，其中本科及以上人员占比达 84.1%；拥有有效发明专利 936 件，同比增长 11.7%。长沙发展数字技术，强化文化与互联网融合，打造了全媒体内容投放平台。天择"千台一网"大生态圈成型，包括剧盟、节目联供网和节目购。"地面频道电视剧联盟"，已先后与十几家省级、省会级地面电视台实现合作。"节目联供网"搭建了一个常态、系统的平台，每天为 500 余家合作台提供着大时段的固定节目，每天交易量累计超过 1 100 多小时。以数字技术推动文化传播。国安网络举办"人工智能长沙项目落地仪式"，正式揭开"广电＋人工智能"智慧场景落地的序幕，同时建立花鼓戏网络专业板块，集合近百部花鼓戏经典剧目，以数字技术宣扬本地花鼓戏传统文化。联合中信国安落地国安社区项目，通过运用互联网、云计算及大数据等创新技术，以社区及社区居民为服务对象，搭建"线上＋线下"一站式的社区共享平台。株洲建立文化消费平台，摸索出一条具有特色的"互联网＋文化"的普惠文化模式。由市文体广新局委托韵动株洲开发打造一个集公共文体产品与服务供给，文体市场产品与活动推荐，文体产品预订、消费、评价、奖励和统计等功能于一体的综合性信息服务平台，首批入驻的32家企业涵盖院线、剧院、演艺、电玩、文创等，企业不仅可以发布产品、活动、品牌信息，也将获取更多的精准客户。目前该平台已开通手机微网站和微信公众号，市民通过平台参加文化消费不仅可以享受优惠还可获得积分奖励，市政府从服务业引导资金中安排专项经费，通过平台兑换积分，补贴消费者。

5. 文化对外交流实现新突破

长沙市不断积极探索文化交流合作的有效途径，创新对外文化交流机制，取得了丰硕的成果。一是成功申办世界"媒体艺术之都"。2017年长沙成功入选"创意城市网络"，并获评世界"媒体艺术之都"，加强与教科文组织、国际城市代表、中国联合国教科文组织全国委员会等的沟通衔接，参加特拉维夫城市峰会及创新节，参训联合国教科文组织合作研习班等活动，学习先进宝贵经验；强化顶层设计，出台了《长沙市加快推进申报联合国教科文组织"创意城市网络—媒体艺术之都"行动方案》；组织赴联合国教科文组织总部所在地法国巴黎、里昂、昂吉安莱班，奥地利林茨、维也纳和英国约克等城市考察学习，并与昂吉安莱班签署了两市文化合作备忘录；长沙以观察员的身份列席联合国教科文组织《保护和促进文化表现形式多样性公约》东北亚地区磋商会议。二是成功举办长沙媒体艺术节暨"一带一路"青年创意与遗产论坛。成功举办长沙媒体艺术节暨"一带一路"青年创意与遗产论坛。长沙以建设世界"媒体艺术之都"为契机，在加强文化遗产保护利用、加快文化创意产业发展、推进对外文化交流方面积极探索，勇于实践，不断创造新经验，做出新贡献。

二、长株潭文化产业发展主要存在的问题

虽然长株潭三市文化发展较好，但也还存在诸多问题，表现在产业整体竞争力不足、发展要素供给不足、文化产业结构不完善等方面。

1. 整体竞争力不足

虽然长株潭地区文化产业在湖南省内处于领先位置，但产业整体竞争力仍有待提升。一是企业整体实力不够。文化企业中大量中小型文化企业、个体工商户的产品较为单一，研发能力有限，市场拓展能力不足。个别文化龙头企业内部治理结构不完善，发展过程中出现重大战略决策失误，或者存在成本控制能力不强等方面的问题，企业陷入发展困境。二是规模以上文化产业单位数量增长缓慢。2018 年，全市规模以上文化产业企业 357 家，比 2017 年仅增加 2 家，比 2016 年增加 24 家。全市文化产业经营单位数量虽然相对较多，达到 1 763 家，但小规模企业比重偏大，规模以上、影响大的企业偏少，文化上市公司空缺，品牌化、集约化发展水平不高。缺少龙头企业的引领，文化资源重组整合举步维艰，发展合力难以形成。三是"缓进亦退"现象明显。沿海杭州、深圳等地依托于区位优势等加快发展，2017 年，杭州市文创产业实现增加值 3 041 亿元，同比增长 19.0%，占 GDP 比重 24.2%，产业总实力同比再创新高。2017 年，深圳文化创意产业实现增加值 2 243.95 亿元，增长 14.5%，占全市 GDP 比重超过 10%，产业增加值在七大战略性新兴产业中位居第二。目前，深圳文化创意企业近 5 万家，从业人员超过 90 万，其中规模以上企业 3 155 家。内陆地区成都、西安等地文化产业发展态势良好，长株潭面临"省内称雄省外二流"的尴尬。

2. 发展要素供给不足

长株潭文化产业发展整体环境还可进一步优化。一是政策扶持力度不够。

长株潭先后出台了一些推动和支持文化发展的政策和措施，但在落实和操作过程中存在难以执行的问题。如文化产业的税收、土地优惠政策、政策扶持资金和规费减免政策很难落实到位。二是文化发展人才要素制约明显。基层队伍本领还不够强。乡镇宣传干部兼职现象较为普遍，专业水准较低，投入精力有限。缺乏复合型文化专业人才和领军人物。株洲市宣传文化单位具备专业技术副高以上职称共85人，其中正高职称仅8人。随着人力资源市场的完善，人才等要素资源出现外流现象。三是在财政投入、税收及土地优惠方面政策倾斜力度还不够大，没有形成完整性、多层次、全方位的支持体系。已经出台的促进文化产业融合发展政策也存在落地障碍，相关的土地供应、财税政策、金融政策和人才政策等尚不完全配套，操作层面还需细化。从财政投入来讲，文化产业引导资金不足。2018年，除长沙文化产业引导资金达1个亿外，株洲分别有3 000万元的文化产业引导基金和2 000万元的文化事业发展资金。湘潭文化的投入没有随着财政收入的增长而相应的增长，分别有市级2 000万元的文化产业引导基金和1 000万元的文化事业发展资金。株洲、湘潭与省内外兄弟市州相比还有较大差距。从资金的获取来看文化获取的资金支持仍然有限，文化企业本身又缺乏机器设备、厂房等固定资产抵押，这进一步限制了要素的可获得性。

3. 文化产业结构不完善

文化产业仍处于链条低端，转型升级压力大。陶瓷、烟花等文化用品制造等产业较为发达，占比较大。如长沙市2018年规模以上文化企业前十个行业的营业收入中，烟花、工程设计、电视等十大行业营业收入靠前，全年实现营业收入1 085.1亿元，占全部规模以上文化企业营业收入的74.4%。其中烟花产业规模最大，全年实现营业收入489.6亿元，占全部规模以上文化企业营业收入的33.6%。新闻出版、广播电视、演艺创作等核心文化产业层规模不大。特别是部分文化产品消费需要电视、电影院等作为媒介平台，在产品销售过程中企业特别是中小型企业容易出现"受控于人"的局面，产品盈利能力相对不足。株洲现有文化支柱行业集中在陶瓷、烟花这两个领域，体量占到了全市文化产业增加值的 75% 以上。烟花、鞭炮产品制造业占比较高，而以信息化、数字化为核心的现代传媒、动漫游戏、数字视听、演艺娱乐、创意设计等文化产业核心层业态发展缓慢，市场开发程度不足，在株洲市文化产业增加值的占比仅为 20% 左右，这种格局一直未得到根本改变。

三、长株潭文化产业发展的路径

长株潭文化产业发展按照规划引领、品牌带动、项目支撑、集群发展的总体思路，紧紧围绕"三大建设"即园区建设、项目建设和基础设施建设，把握工作要点、突出发展重点、提升发展质量、强化服务效率，积极推进文化产业实体经济快速发展。

1. 明确主要产业，走差异化发展之路

长株潭有着产业政策、资源禀赋、人才技术等核心区所具备的优势，下一步发展要以"新技术、新平台、新体系、新模式、新业态"为导向，重点发展"互联网＋"新媒体产业、影视节目生产、数字出版生产、动漫游戏节目生产、广告会展、演艺娱乐、文化信息服务、建筑设计服务、专业设计服务等相关产业，努力将长株潭地区建成新的国家文化创意产业增长极。长株潭需积极谋求区域内部合作，大力推行差异化发展措施。长株潭之间倡导差异化发展战略。在合作中谋求发展，努力打造差异化的产业发展格局，明确各自产业发展重点。长沙继续打造互联网第五城，继续做大做强影视、出版产业；株洲重点要在"做强艺术陶瓷产业，提升服饰文化创意产业，建设株洲包装印刷产业园、壮大漫游艺产业，发展文化旅游产业，开发特色文创产品，促进体育产业发展"等方面发力；湘潭要挖掘好红色文化、名人文化、生态文化等资源，做大做强文化旅游业。

2. 大力打造园区基地，走集群发展之路

长株潭地区积极组织申报国家级文化产业示范（试验）园区和国家文化

产业示范基地，努力打造集群发展平台，文化产业园区规模不断壮大。长株潭已有国家级文化产业示范园区 1 家，国家级文化产业示范基地 12 家，此外，还有湖南华强文化科技产业基地项目、锦绣潇湘文化创意产业园等园区，湖南宏梦卡通集团等园区基地，长沙铜官窑国家考古遗址公园、三辰卡通集团、湖南长广天择传媒有限公司等文化产业示范基地。长沙市拥有国家级园区（基地）12 个，省级园区（基地）19 个（其中，省级文化产业示范园区 14 个，省级特色文化产业园区（基地）5 个），市级文化产业园区（基地）14 个。同时，长株潭积极引导企业入园、入基地发展，各园区已初步形成了独具特色的主导产业，如天心文化产业园重点发展艺娱乐业、艺术品业、文化旅游业、文化传媒业、文化创意业五大产业，昭山文化创意产业园重点打造动漫、国际游乐园、数字传媒、数码设计、文化艺术等五大产业，此外，中南国家数字出版基地、天心广告产业园等专业园区要产业定位清晰，集群发展趋势明显。按照"北有中关村、南有马栏山"的定位，制定了马栏山视频文创园整体规划及配套政策，出台了《长沙市人民政府办公厅关于印发长沙市马栏山视频文创产业园系列支持政策的通知》，全力打造集数字视频创意、软件业、版权及衍生为一体的具有国际影响力的视频文创园。

3. 大力推进市场，开拓走外向发展之路

长株潭大力实施"走出去"战略，努力扩大对外合作交流。近几年长沙文化对外交流取得很不错的效果，"东亚文化之都""世界媒体艺术之都"建设取得一系列的实效。长沙在文化"走出去"中做精长沙文化产品。2017—2018 年国家文化出口重点企业和重点项目名单中，长沙有 7 家企业上榜。以影视、出版、演艺、动漫为代表的长沙文化产品走出去的步伐加快。天择联合央视制作《朗读者》，在全国掀起了文化类节目创作热潮，节目出口法国；天舟文化入选"世界媒体 500 强"，与摩洛哥文化部共同主办了《屠呦呦传》阿拉伯语版全球首发仪式、"艺术中国"主题展、儿童指印画和艺术大画毯现场体验等六大出版与文化交流及体验活动。"山猫吉咪"品牌动漫节目及产品已经出口到全球 70 多个国家和地区，出口总额超过 5 000 万美元。湖南金霞湘

绣出口美、英、日等 15 个国家和地区，2017 年出口总值达 830 万美金。株洲的湘瓷已成为湖南文化走向海外的一张靓丽名片。下一步，长株潭要发挥长沙的辐射作用，带动株洲、湘潭文化产业走外向型发展之路，积极壮大贸易主体，做精长株潭文化产品；搭建文化产业走出去的贸易平台，组织优秀文化企业参展国际国内大型文博会；注重走出去项目建设，加强效益；培育优质企业，树立行业走出去标杆。

四、促进长株潭文化产业持续健康发展的对策建议

1. 积极落实上级政策，出台本土政策

政策扶持是促进文化产业发展的必要之举。一是积极落实国家、省相关政策，长株潭地区应特别注重衔接落实国家文化产业园区、产业基地和重点企业相关制度，注重与省文化产业发展基金等相关政策衔接，有效拉动区域文化产业发展。二是要积极制定一系列支持文化产业发展的政策文件。近几年，长株潭出台了不少关于文化产业的支持政策。长沙市出台了《长沙市人民政府办公厅关于加快发展对外文化贸易的实施意见》《长沙市"十三五"文化改革发展规划》《长沙市加快推进文化创意和设计服务与相关产业融合发展行动计划（2015—2017 年)》《长沙建设国家创新创意中心之文化创意中心三年行动计划（2018—2020 年)》《长沙市文化产业发展专项资金管理办法》及实施细则等政策。株洲围绕湖南省委、省政府制定了《关于加快文化创新体系建设的意见》，制定出台适应当地的一系列政策。出台了《株洲市深化文化体制改革实施方案》，将文化领域的改革细化为 7 大类 38 项。湘潭出台了《湘潭市文化发展规划纲要（2016—2020 年)》《湘潭市深化文化体制改革实施意见》《加快构建现代公共文化服务体系的实施意见》《湘潭市市管国有文化企业监督管理办法》等。要将这些政策落地，为文化产业发展工作的稳步推进提供政策支持。三是出台支持园区集聚发展的举措。长株潭各个文创园区尚不完全、准确清楚自身园区产业发展情况，未建立适合本园区发展的长

远产业规划和年度目标任务。长株潭地区文化主管部门应进一步加强对园区的指导和服务力度，加强与国内外先进文化园区交流力度，考虑将有关文化专项资金向园区企业或项目倾斜，支持省市重大文化项目优先落户园区，鼓励园区文化融合发展，形成全市各区域特色鲜明，产业不同的发展格局。

2. 积极加大财政投入，引导社会投入

资金是文化产业发展的活水源泉。一是加大财政资金投入力度，加大文化产业发展引导资金力度，并建立较为完善的资金管理制度，加强专项资金使用监管，有效发挥财政资金"四两拨千斤"的作用。二是积极引导社会资金投入。积极吸引社会资金进入文化领域，鼓励金融机构加大文化支持力度，促进银企对接合作，最大程度地解决文化企业融资难问题。三是通过制定并落实积极财税支持政策，积极呼应"一带一路"倡仪。四是文化企业须另辟蹊径，通过债券市场来解决资金难题，特别是有一定规模和信用的企业更须把债券这种融资手段作为解决资金瓶颈的主渠道。

3. 激发产业活力，充分发挥小微文化企业后备军力量

小微文化企业是长株潭地区文化产业的重要组成部分。2018年规模以上文化企业中的小微企业数占比达到78.8%，小微文化企业营业收入占全部规模以上文化企业营业收入的比重为47.7%，占据"半壁江山"。但小微企业存在市场竞争力弱、信息渠道不通畅、抗风险能力弱等问题。因此，在扶持行业龙头企业的同时，充分调动小微企业积极性迫在眉睫。因此，相关文化主管部门要深入开展小微文化企业调研，详细了解企业面临的困难，加大帮扶力度，特别是要加大对成长性好、发展前景广阔的小微文化企业的扶持力度。此外，还可鼓励、支持小微文化企业积极参与政府购买的文化产品和服务，探索建立小微文化企业融资平台，鼓励本土金融机构加大对小微文化企业的融资力度，探索多种形式的融资方式，全方位构建小微文化企业发展的良好营商环境。

4. 积极完善各类平台建设

长株潭须高度重视市场管理，努力提升文化发展能力。一是进一步加大园区、基地及龙头企业建设力度，进一步发挥这些平台、载体对全市文化产业的引领支撑作用。二是不断完善公共服务平台，围绕推进公共文化服务普及、均等发展的基本思路，加大对公共文化服务的投入力度，完善公共文化基础设施建设，提升公共文化服务的承载力、辐射力，建成较为完善的公共文化服务体系。三是促进产业融合发展平台建设。鼓励文化企业进行资源整合，形成跨界经营、跨行发展的多元化企业，促进文化产业的提质升级、融合发展。四是积极搭建项目包装、招商引资平台。进一步抓好项目申报、开工建设工作，推动项目落地，带动文化产业发展。努力打造形成文化产业项目库平台，积极组织文化项目参与招商引资工作。

5. 注重人才战略，加强高端文化人才培养的引进力度

人才是第一资源。长沙市已出台了"人才新政22条"和其他支持人才培养和引进的措施，但从现实情况看，不少文创企业反应现行政策中人才认定标准过高。因此，在充分利用长株潭产业发展优势、区位优势和政策优势的背景下，须进一步鼓励本土高校和文化企业建立人才培养机制，探索共建培训基地；结合文化园区（企业）的特殊性，进一步加强文化园区干部队伍建设，各文创园区针对文化企业亟需的专业人才制定相关政策。

第二节　环洞庭湖文化产业发展研究

环洞庭湖地区包括岳阳市、常德市、益阳市三市。三市抢抓洞庭湖生态经济区、长江经济带建设等国家战略机遇，以建设"更加秀美富饶的大湖经济区"为目标，大力发展休闲旅游，完善基础设施，推动融合开发，突出生态文化、休闲文化、创意文化，重点发展湘茶产业、休闲农业、水上观光、

自驾旅游等产业形态，实现生态文明建设、文化产业发展协调一致，将环洞庭湖地区打造成为全省生态休闲文化产业发展的试验区。

环洞庭湖板块抢抓洞庭湖生态经济区、长江经济带建设等国家战略机遇，探索生态休闲文化产业发展的试验区，2013—2016 年，文化和创意产业增加值年均增长 14.2%，高于全省平均水平 1.3 个百分点。2016 年，环洞庭湖板块、大湘西板块、大湘南板块分别实现增加值 335.57 亿元、211.15 亿元、289.17 亿元，同比分别增长 20.62%、22.46%、15.57%；三板块合计增加值占全省的比重由 2015 年的 41% 上升至 2016 年的 43.7%，增加了 2.7 个百分点。

一、环洞庭湖地区文化产业发展状况

环洞庭湖地区文化产业特别是生态文化产业发展迅速，产业规模进一步壮大，发展前景可期，但由于发展基础较为薄弱，文化产业进一步发展壮大也面临不小挑战。

1. 文化产业不断扩规扩容

环洞庭湖地区文化产业保持高位运行态势，总体发展情况良好。一是文化产业规模进一步壮大，发展形势较好。2017 年，环洞庭湖地区文化产业增加值达到 371.5 亿元，同比增长 10.7%。常德、岳阳、益阳文化产业也保持高位运行态势，产业总量规模不断壮大。2015—2017 年，面对经济下行的巨大压力，常德市文化产业持续增长，规模以上文化企业从 102 家增加到 235 家，文化产业增加值从 81.3 亿元增加到 145.7 亿元，占 GDP 比重从 3% 提升到 4.5%。岳阳市文化产业增加值增速连续 10 年超过 GDP 增速。岳阳市的文化产业发展情况为：2017 年，文产规模达 583.88 亿元，文产增加值占 GDP 比重达 4.95%；2018 年文化产业总产值 637.6 亿元，增长 9.2%；增加值 178.01 亿元，增长 10.3%，占 GDP 的比重为 5.01%，增加 0.06 个百分点。规模（限额）以上文化产业法人单位数 316 个，总产出 480 亿元，占文化产业总产值比重达到 75.3%。产值过亿元企业 60 个，上市企业 3 个（百利科技、岳阳林纸、天润数娱）。文化和创意产业就业人数 16.85 万人，增长 12.3%。全市旅游游客接待总量达 5 761.84 万人次，旅游总收入达 567.58 亿元。文化和旅游产业即将成为岳阳市继石化、食品之后的第三个千亿级产业。

二是重点发展文化产业整体态势良好。常德、岳阳、益阳根据自身的比较优势和发展计划，各自明确了文化产业发展的重点领域，并采取积极举措推动重点子行业发展。如常德的印刷包装产业，形成了以金鹏印务、国美印务为龙头的产业集群，全市印刷包装企业达 170 多家，其中规模以上企业 27 家。龙头企业金鹏印务年产值超过 12 亿元，稳居中国印刷行业前 15 强，中国烟标印刷前 3 强。表 4-4 为环洞庭湖地区文化产业发展状况。

表 4-4　环洞庭湖地区文化产业发展状况

城市	主要特色行业
常德	文化旅游、印刷包装、影视传媒、文化演艺
岳阳	文化旅游业、创意设计业、高端印刷业、文博会展业、传媒影视业、工艺美术业、演艺娱乐业、康体养生业
益阳	新兴媒体业、新闻出版业、工艺美术业、印刷包装业、文化旅游业、文化娱乐休闲业、广告会展业、体育健身业

2. 市场活力足，文化产品不断丰富

环洞庭湖地区文化产业市场主体多，文化设施全。一是市场主体数量规模有所增加。据文化部门初步统计显示，常德市 2015 年规模以上文化和创意产业企业 102 个，主营收入 74 万元；2016 年规模以上文化和创意产业企业 149 个，主营收入 118 万元，企业数同比增长 47%；2017 年规模以上文化和创意产业企业 235 个，主营收入 146 万元，企业数同比增长 86%。益阳市 2015 年规模以上文化和创意产业企业 112 个，主营收入 85.56 万元；2016 年规模以上文化和创意产业企业 149 个，主营收入 104.25 万元，企业数同比增

长33%；2017年规模以上文化和创意产业企业154个。二是民间资本积极参与。环洞庭湖地区高度重视民营资本引进工作，积极激发民间资本活力。常德引进了深圳华侨城、重庆同元集团等一批大型文化旅游集团。打造了鼎城"五朵金花"等乡村旅游亮点。2017年，共接待国内外游客4 396.74万人次，实现旅游总收入362.19亿元，分别同比增长30.4%和29.6%。岳阳2018年通过成功引进两个战略性文化项目——台湾新金宝集团年产1 300万台喷墨打印机项目和北京老铺黄金文化发展有限公司的"老铺黄金"项目，提升文化产业品质。三是积极推动文化产品开发。环洞庭湖地区涌现出一批有影响力的文化产品，如近几年来，以常德为"元素"拍摄了《刘海砍樵》《常德保卫战》等电视连续剧和《喋血孤城》《辛亥元勋蒋翊武》等电影。动漫行业中有创源、华智两家动漫企业被文化和旅游部、财政部、国家税务总局三部委认定为国家级动漫企业。两家动漫公司先后筹拍了《刘海砍樵》《孟姜女》《雷锋》《航天小子》等多部原创动漫，平均每年推出原创动漫作品1～2件。

3. 文化产业平台载体建设推进有力

环洞庭湖地区文化产业发展平台载体建设取得积极进展。一是园区基地建设推进有力。环洞庭湖地区积极推进文化产业园区、基地建设，努力提高文化产业发展承载能力，如益阳市市中心城区重点培育"两区"（益阳东部新区鱼形山"两型社会"示范区和皇家湖生态旅游度假区）、"两园"（湖南工艺美术创意设计园、益阳文化制造产业园）。二是公共文化设施平台建设的积极推进。改造扩建常德市博物馆、升级改造滨湖剧院、修缮重建丁玲纪念馆，积极推进常德会展中心、常德大剧院等工程建设。益阳"一园两中心"、云梦方舟、沅江市五湖生态水城、桃江县竹山村生态观光文化产业园4个项目入选国家级优选文化项目。三是搭建发展平台，加大扶持力度。常德设立了每年5 000万元的文化发展引导资金，出台了《常德市文化发展引导资金管理办法》，用于扶持文化事业和文化产业发展。近几年每年安排"文化产业规模化发展"项目资金，对新入规文化企业进行奖励扶持。指导成立常德市文化产业促进会，组织文化企业参加历届深圳文博会。编印了《常德市文化产业投融资项目指南》和《常德文化创意产业发展研究报告》。岳阳与多彩贵州文化产业集团签订区域文化品牌建设战略合作协议，进行合作对接。

二、环洞庭湖地区文化产业存在的问题

环洞庭湖地区文化产业还处于培育壮大阶段，有待进一步壮大产业总量规模和新兴业态。

1. 企业整体实力不足

总体来看，环洞庭湖地区文化企业实力偏弱，大多以布局分散的中小企业为主，市场主要在区域内部，企业创新能力和开拓外地市场的能力不足，管理和技术水平、人员整体素质有待提高。一是小微企业众多，龙头引领和深度融合还须加强。如常德，文化企业虽然数量众多，但规模不大，规模以上文化企业 2017 年仅 235 家。全市文化产业业态门类构成还不够优化，休闲娱乐、演艺、网吧、广告、印刷包装等传统产业所占分量较重，网络技术、数字技术等与其他产业深度融合的新型文化产业发展不足。科技含量高、实力强的新型文化企业，尤其是大型产业集团亟待培育。传统行业正处于转型升级阵痛期，经营发展状况堪忧。尤其是工艺美术、烟花爆竹、印刷包装等行业市场萎缩、人才短缺，产值、利润逐年下降，甚至不少规模以上企业退规，本土传统行业面临发展困境。转企改制文化企业走市场效果不佳，2012年常德市改制完成的 18 家歌舞院团和电影公司，经过 6 年的市场运营，仍仅有桃源县汉剧艺术团、鼎城丝弦艺术剧院等 7 家企业成长为规模以上企业。二是文化相关行业缺乏相应规模企业支撑，文化与旅游、文化艺术品制造等产业发展缺乏大项目、大企业支撑，新兴业态培育壮大难度较大。部分转企改制的企业自我发展能力弱，缺乏发展信心，"等、靠、要"思想依然严重。

2. 地区要素供应不足

总体来看，环洞庭湖地区文化产业发展存在要素总量不足，素质不高的

问题。一是业态门类构成不够优化。从 2018 年规模以上文化企业组成看，休闲娱乐、演艺、网吧、广告、印刷包装等传统产业所占分量较重，网络技术、数字技术等与其他产业深度融合的新型文化产业发展不足。科技含量高、实力强的新型文化企业，尤其是大型产业集团微乎其微。二是要素总量不足，资金等文化产业发展的关键要素缺乏。从政府投入来看，文化产业引导资金"蛋糕不大"，影响了"蛋糕切割"，难以真正对文化产业发展提供有效的支撑。从社会投入来看，文化企业融资难问题非常突出，大量中小型文化企业难以获得银行资金支持。三是要素整体素质不高。一方面，各类行业领军型人才非常缺乏，特别是熟悉文化产业的经营性人才短缺，另一方面，各类人才向省内长株潭地区乃至于沿海流动的现象较为明显。此外，从科技要素来看，文化企业整体技术实力有限，研发投入不足，难以创作出文化与科技高度融合、附加值高的文化产品。

3. 资源开发利用不够

环洞庭湖地区文化资源尚未得到有效挖掘和开发利用，一是资源开发整体不够。环洞庭湖地区文化资源较多，但未得到充分的挖掘，或者内部缺乏有效的合作机制，尚未打造形成具有较强市场竞争力的文化产品，影响了产业整体发展水平。二是文化产业资源布局分散、竞争能力弱。许多非物质文化遗产项目，许多极具特色的地方特产和风俗，许多风景秀丽的山水风光缺乏统一的规划和组织，没有形成品牌，产生应有的经济效益。环洞庭湖地区的益阳、岳阳、常德等地具有较多的文化资源，但两地文化产业总量规模小，大量的资源未能有效地转化为经济资源，未能成功地被包装推向市场。如常德津市的西毛里湖资源特色明显，但尚未开发成为旅游文化项目。

4. 地区产业发展雷同

一是产业园区孵化功能还须提升。园区是推进产业发展的孵化器，是集聚项目、资本和人才的重要载体。特别是文化创意产业是轻资产、小规模、重创意的产业，更须要园区的"孵化"。但环洞庭湖地区的文化创意产业园区建设还在起步阶段，功能还有待拓展提升。常德市武陵区互联网产业园致力于小微文化创意企业的孵化，持续出台了一系列优惠入园政策，2018 年仅培育引进 4 家文化相关企业。二是项目同质竞争现象普遍。社会资本转向投资文化市场的信心和趋势在明显上升，但也出现了文化产业项目同质竞争现象。以"水上娱乐、器械运动、生态体验"为主题的文产项目几乎已遍布各个县域市场，项目可复制内容多。

三、环洞庭湖地区文化产业发展的推进路径

环洞庭湖地区文化产业发展思路清晰、路径明确，为文化产业发展壮大提供了有效支撑。环洞庭湖地区高度重视结合自身特色发展文化产业，努力走出文化产业发展的"洞庭湖"特色之路。

1. 重品牌，走转型发展之路

转型发展是近年来环洞庭湖地区文化产业发展的重要举措。一是积极推动品牌建设工作，洞庭湖地区高度重视文化产品生产，狠抓产品质量，努力形成一批有品牌、有特色的文化产品，如常德形成了桃花源旅游节、诗人节、柑橘节、名人围棋赛等一系列大型文化节庆活动品牌，有效推动了文化产业转型发展。岳阳市充分发挥辖区文化底蕴深厚、文化资源丰富的优势。"岳州扇"是全国三大名扇之一，其制作技艺入选省级"非遗"名录。芭蕉扇业已成全国规模最大的专业制扇企业，2018 年签订出口订单 1 200 万美元，是湖南十大文化出口贸易企业之一。该市还将长乐甜酒制作技艺列入首批市级"非遗"保护名录，"长乐甜酒"成为该市第一个地理标志保护产品。二是积极以惠民为重点，积极促进文化消费，努力实现市场转型。如常德市努力提升"武陵欢歌"大型广场文化活动品牌的影响力，精心举办好常德市第九届鼓王擂台赛暨全国"鼓书"邀请赛，"桃花源里的歌"民间歌曲征集选拔赛，"新常德新创业"书法美术摄影大赛、"常德重点书画家展览暨国内知名书画家作品邀请展"等书画活动。抓好湖南大型抗战图片暨博物馆馆藏书法美术展览

工作。打造"百团大赛大舞台""常德故事百姓讲堂"等惠民品牌，催生文化惠民新品牌。

2. 促合作，走融合发展之路

环洞庭湖地区高度重视产业融合发展。一是通过资源挖掘促进产业融合发展。环洞庭湖地区文化资源较为丰富，如常德的桃花源、花岩溪、前唐古刹夹山寺、澧县城头山古城遗址、柳叶湖、常德诗墙、太阳山太阳神像和盘古石像等，通过挖掘这些资源，努力推动文化与旅游等产业融合发展。二是注重新兴业态的培育，促进文化产业链条的延伸。环洞庭湖地区高度重视文化与科技等产业的融合，努力培育形成一些新的产业业态，如动漫、游戏等产业，并形成了一些具有较高市场认可度的产品，带动了文化产业发展。

3. 强服务，走支持发展之路

环洞庭湖地区积极转变作风，注重服务企业，促进行业发展。一是积极展开调研，全面了解企业的基本情况。环洞庭湖地区积极开展调研活动，全面了解企业，特别是小微企业的生存状况，并建立了文化企业资料库，为下一步扶持文化产业发展奠定了良好的基础。二是积极采取相关的支持政策，力求取得实效，通过调研，文化部门全面了解文化产业情况，收集困难和问题，制定出台相关的扶持政策，帮助企业解决所面临的相关问题。岳阳开展文化旅游融合发展课题调研和高峰论坛活动，制定文化和旅游产业融合发展策略，推动文化和旅游产业千亿产业集群打造工程。近年来，常德先后出台了《常德市文化强市战略实施纲要》《关于加快建设文化强市的意见》《常德市文化产业发展规划》等文件。2016 年，制定出台了《常德市"三文一体"三年行动实施方案（2017—2019 年）》。这些政策需要进一步明晰，以便于操作和执行，建议进一步细化，让政策更好地"落地"。

四、关于环洞庭湖地区文化产业发展的对策建议

环洞庭湖地区文化产业发展主要是抓龙头、抓项目、抓集群、抓环境，通过四个抓手有效提升文化产业发展能力和水平。

1. 抓龙头，夯实文化产业发展基础

龙头是文化产业发展的中坚力量。一是狠抓企业特别是龙头企业培育工作，努力推动行业领军企业成长。龙头企业影响大，如益阳太阳鸟游艇股份有限公司，该公司所生产的产品不仅覆盖全国大多数省市，其自主品牌也已成功进入国际市场，成为中国游艇在世界市场上颇具影响力的民族品牌。环洞庭湖地区须高度重视文化领军企业的培育工作，如常德市实施骨干文化企业培育工程，指导支持市湘楚歌舞剧院发展，继续扶持创源动漫、华智动漫、神起网络的发展。二是狠抓主导产品，努力形成地方品牌。环洞庭湖地区注重加强文艺作品的创作生产，推出一批体现地方特色、反映时代精神，思想性、艺术性、观赏性相统一，群众喜闻乐见的优秀艺术作品。常德桃源工博物馆、《桃花源记》河流实景剧场升级与桃花源景区提质相互促进，《梦回穿紫河》实景演出改版与城区水系改造有机融合。

2. 抓项目，促进文化产业发展落实

项目建设是文化产业发展的必然抓手，环洞庭湖地区高度重视项目工作。一是狠抓项目申报工作。二是高度重视项目招商引资工作，环洞庭湖地区积极推动文化项目的对外宣传和合作，加大招商引资工作力度，积极引进产业带动效应强的大项目。要把实施项目带动作为推动文化创意产业发展工作的重要抓手，充分依托现有文化资源和文化创意产业发展态势，建立文化创意产业项目库，加强跟踪管理，做到储备一批、洽谈一批、开工一批。

3. 抓集群，提升文化产业竞争实力

集群发展是文化产业发展的必然取向，环洞庭湖地区注重促进产业集群化发展。一是始终牢牢把握重点发展产业，常德、岳阳等地都制定了文化产业发展规划，明确了文化产业发展的重点，引导要素资源向优势行业集中，提升产业整体竞争力。例如，娄底重点发展书画创作、收藏、展览、复制和培训等经济效益、社会影响较好的产业，并重点培育了娄底市九余堂书画院及在文化改制中，敢趟市场、发展前景好的涟源市湘剧演艺有限公司等15个文化、新闻出版、广电类项目。二是积极打造文化发展平台，促进文化产业集群发展，环洞庭湖地区积极引导文化产业进入园区、基地发展，例如，湖南（益阳）工艺美术创意设计园与30多家文化企业签订了入园协议，产业集群发展的雏形基本形成，如常德基本形成了"两区"（柳叶湖文化产业园区和西城文化产业园区）"两带"（沅江文化产业带和穿紫河文化产业带）的发展格局。

4. 抓环境，优化文化产业发展空间

环境是文化产业发展的外部条件，环洞庭湖地区注重环境优化。一是出台一批政策，要认真贯彻落实国家、省、市关于加快发展文化产业的各项扶持政策，出台落实相关配套措施，加大对文化产业发展的扶持力度。文化部门努力转变工作作风，努力为企业营造良好的发展环境。二是努力抓人才培训，努力优化文化产业发展的服务能力和服务水平，环洞庭湖地区选派相关人才参加省厅在北京举办的文化产业人才研修学习活动，部分地区还根据发展需要举办了区域性的培训活动，如娄底市举办了文化产业发展高峰论坛与文化产业管理人才集中培训活动。三是要扶持一批企业。要坚持政府引导、市场运作，选择行业突出、优势明显的骨干文化创意企业和市场前景好、发展潜力大、行业带动作用强的文化创意企业进行重点培育，不断加大资金和政策支持力度，壮大企业规模，提高集约化水平。四是打造一批平台。重点打造融资平台和投资平台。融资平台就是组建一个文化产业投资平台即文化

产业小额投资贷款公司，投资平台就是创办文化建设投资股份有限公司。

第三节　大湘西文化产业发展研究

大湘西地区包括湘西土家族、苗族自治州、张家界、怀化、邵阳、娄底等地，是全省少数民族文化资源的集聚地。大湘西板块依托武陵山片区区域的发展与国家的扶贫攻坚政策的扶持，建设全省文化旅游融合发展的示范区，2013—2016年文化创意产业增加值年均增长15.1%，高于全省平均水平2.2个百分点。

一、大湘西地区文化产业发展状况

近年来，大湘西地区不断推出独具特色的文化产品，文化产业与金融业、旅游业等产业融合发展趋势明显，文化大发展大繁荣成效初显。

1. 文化产业发展迅速

大湘西地区文化产业发展较快，一是总量规模不断壮大。张家界市文化和创意总产出2017年为45.4亿元，同比增长46.5%，文化产业增加值2017年为20.6亿元，同比增长118%。怀化市文化和创意总产出2017年为159.6亿元，同比增长21%，文化产业增加值2017年为60.5亿元，同比增长20.3%。（湘西土家族、苗族自治州与娄底文化产业发展情况见表4－5和表4－6）。二是产业活力不断增强，中小微企业数量多，据文化部门初步统计显示，湘西土家族、苗族自治州各类文化市场主体达1 200余家，消费服务性文化企业与生产创意型文化企业差不多各占半壁江山。其中娱乐场所、网吧、数字电影、书报刊零售企业、演出团体、艺术品经营单位、艺术培训、文物经营等传统消费服务型文化经营单位600余家，各类网站、演出场所、印刷企业生产创意型文化经营单位500余家。2018年，怀化市文化经营单位约

3 467家，其中限上（限度以上）文化企业159家，同比增长30%。三是独具特色的产业体系雏形初现。依托自身的特色，大湘西地区积极打造差异化的文化产业体系，如湘西土家族、苗族自治州积极培育壮大生态文化旅游产业、民族工艺品产业、文化旅游演艺产业、民族文化节庆产业。湘西土家族、苗族自治州文化休闲娱乐服务持续走强。2018年全州接待国内外游客2 300万人次，实现旅游收入195亿元，同比分别增长25%、18%。乡村文化旅游成为新的增长点，先后举办了三月三、四月八、舍巴节、农耕文化节等一系列乡村旅游节庆活动，炒热乡村旅游市场，吸引了众多游客。2018年，古丈县墨戎镇墨戎村与墨戎苗寨乡村游有限责任公司合作，依托苗族非遗文化和传统村落资源，推进文旅融合发展，乡村旅游产业半年实现产值近5 000万元，日均接待游客4 000人以上，村集体收入30万，直接带动就业415人，间接带动就业200多人。

表4－5　2015—2017年湘西土家族、苗族自治州文化产业发展情况

指标	单位	2015 年	2016 年		2017 年	
			总量	同比增长（%）	总量	同比增长（%）
GDP	亿元	497.2	530.9	6.9	582.64	7.6
文化和创意产业增加值	亿元	16.95	20.47	20.77	23	12.4
文化和创意产业总产值	亿元	40.20	48.57	20.82	55.5	14.3
规模以上文化和创意产业企业个数	个	—	39	—	36	－7.69
规模以上文化和创意产业企业主营业务收入	万元	—	12.38	—	11.34	－8.4
规模以上文化和创意产业企业利润总额	万元	—	0.91	—	0.43	－52.75

表4－6　2015—2017年娄底市文化产业发展情况

指标	单位	2015 年	2016 年		2017 年	
			总量	同比增长（%）	总量	同比增长（%）
GDP	亿元	1 291.4	1 400.1	8.4	1 545.0	10.3
文化和创意产业增加值	亿元	42.4	53.2	25.5	61.9	16.4
文化和创意产业总产值	亿元	143.5	169.1	17.8	195.4	15.6
旅游总收入	亿元	163.87	201.12	22.77	251.38	24.98
规模以上文化和创意产业企业个数	个	103	153	—	182	103
规模以上文化和创意产业企业主营业务收入	万元	970 748	1 112 582	—	1 143 551	—
规模以上文化和创意产业企业利润总额	万元	—	—	—	71 533	—

2. 文化设施不断健全，文化活动不断丰富

近年来，大湘西地区不断强化文化设施建设，积极开展各项文化活动。一是文化设施不断健全。湘西土家族苗族自治州公共文化设施全覆盖。陆续建成了一批州级标志性文化建筑，广播电视实现全覆盖。张家界市市博物馆、贺龙国际体育中心、市工人文化宫主体已建成，已规划设计市图书馆、美术馆、文化馆、科技馆、大剧场等公共文化设施。二是流动文化服务全覆盖。大湘西地区各宣传思想文化部门依托文化流动服务设施，积极开展送理论、送戏、送图书、送电影下乡，在满足群众基本文化需求特别是边远地区群众文化需求上发挥了作用。三是文化活动丰富多彩，大湘西地区组织了"欢乐潇湘乐在湘西""欢乐潇湘，美丽张家界""欢乐潇湘，幸福怀化""欢乐潇湘，魅力邵阳"等系列活动，一些节庆活动也有序开展起来，如湘西土家族、苗族自治州的武陵山区（湘西）土家族苗族文化生态保护节等活动效果明显。四是非物质文化遗产保护取得进展。近几年来，湘西土家族苗族自治州建立了 34 个非遗传习所，2 个国家级生产性保护基地，12 个州级非遗生产性保护

基地。实施了大湘西地区非遗生产性保护项目，湘西土家族、苗族自治州获湘西地区非遗生产性保护项目资金共计1 145万元，扶持非遗项目22个。张家界持续开展元宵灯会、六月六民俗文化活动月、土家过赶年等民族民俗节庆活动，逐渐形成了品牌。坚持举办自然和文化遗产日活动，开展土家刺绣、土家织锦、张家界阳戏、桑植民歌等非遗项目展示展演。

3. 文化改革不断迈出新步伐

大湘西地区持续推动文化改革。一是加强改革顶层设计，大力加强文化改革组织领导，市（州）成立了高规格的文化体制改革专项小组，明确提出了改革的具体任务，如湘西土家族苗族自治州明确提出要建立健全民族文化保护传承机制，推进生态文化旅游融合发展机制创新等任务，既指明了改革的方向，又提出了改革要求。2018年，湘西土家族苗族自治州出台了《关于印发〈湘西自治州2018年文化体制改革工作任务分解方案〉的通知》（州文改发〔2018〕1号），召开了州文化体制改革专项小组会议。对文化体制改革两大项十小项改革任务进行了分解，明确责任单位、工作任务、工作要求，对改革事项进行了任务倒排，明确工作时限。二是注重创新实践，在文化与旅游等产业融合发展、文化项目建设中敢于创新，如怀化市博物馆、群众艺术馆、文化中心、城市综合馆等项目就是采取 BT（Build - Transfer，建设和移交模式）模式运行，在一定程度上解决了大湘西地区文化发展中财力不足等问题。

二、大湘西地区文化产业主要存在的问题

虽然大湘西地区文化产业发展取得了一定的成效，但总体来看依然存在着体量偏小、投入偏少、挖掘不够等方面的问题。

1. 体量偏小，层次不高

大湘西地区文化产业总量规模不大，整体层次有待提升。一是文化产业

体量偏小。总体来看，目前大湘西地区文化发展缺乏上规模的文化产业园区、基地、龙头企业的支持，文化产业总量规模也相对偏小，产业增加值还处于十几亿几十亿的规模，与长沙、株洲等地百亿元的规模差距较大。张家界市支柱文化企业仅有天门山公司、武陵源旅游产业公司等少数几家，绝大部分企业规模较小、实力偏弱，且在行业分布和地域分布上不均衡，特别是桑植县在2018年文化及相关产业增加值占GDP比重仅为2.5%。截至2018年9月份，邵阳市规模以上工业、限额以上批发零售业、规模以上服务业企业共有2 585家，文化产业企业数量占其比重为7.2%，营业收入占规模以上工业、限额以上批发零售业、规模以上服务业的比重仅为9.87%，文化产业企业数量少，企业规模小。二是文化产业整体层次不高，产业分布较为分散，文化产业基地或园区的发育、规划和建设还未被充分重视。同时，产业内部网络文化、文化旅游、影视制作、动漫游戏、演艺会展和广告传媒等新兴文化服务业占比不高。张家界特色的旅游演艺业出现一哄而上，产能出现过剩的现象，由此产生低价竞争、高额回扣、捆绑销售等不正当竞争问题。邵阳市文化制造业、文化批发零售业、文化服务业营业收入比重为91.86：5.18：2.96，平均单家企业文化制造业营业收入最高，文化批零业次之，文化服务业最低。文化制造业增长最快，文化批发零售业增长次之，文化服务业增长最慢。三是市场在资源配置中的决定性作用未得到充分的发挥，国有资本、政府投资依然是文化产业发展的主导力量，社会资本尚未被完全激活。

2. 投入偏少，支持力度有待增强

大湘西地区文化产业发展投入偏少，政策支持力度有待加大。一是投入总量偏少。受制于地方财政实力的影响，大湘西地区财政投入文化金额相对不足，文化产业引导基金规模相对偏少。以娄底市为例，公共文化财政支出2016年仅占全市公共财政预算支出的比重为1.13%，2017年仅占全市公共财政预算支出的比重为1.98%，公共文化财政支出占公共财政支出预算的比重偏低，特别是县市区公共文化财政支出尤为不足。二是政策支持落地不够，受制于地方财政实力以及区域要素供给不足等因素，金融支持文化发展等政策难以落到实处，文化引导专项资金管理还存在不科学、不合理之处，难以最大限度地发挥引导资金的作用。

3. 挖掘不够转化不足

大湘西地区文化产业发展存在资源挖掘转化不够的现象。一是优势特色资源挖掘力度有待进一步加大。大湘西地区文化资源丰富，但存在整理归档不够，保护力度不够，包装推介不够等问题，导致大量的文化资源难以被有效整合并形成产品。二是资源转化为经济效益不足。受制于交通条件、人才团队等因素的影响，大湘西地区部分文化资源难以有效推向市场，无法真正将资源优势转化为经济优势，也限制了文化资源的进一步开发利用。如"神秘湘西"被人口口相传，是国内外游客心驰神往的旅游胜地，但是"神秘湘西"还没有充分发挥其应有的品牌效益。桑植民歌、张家界阳戏等表演类国家级非遗项目产业化也还没有找到有效的途径。三是创新能力弱，文创产品开发还处于起步阶段，文化和旅游产业人才缺乏。大湘西地区文创产品开发处于起步阶段。真正的文创企业较少，文创基地不够，特别在文创产品新兴门类自主创新、开发运用方面，缺乏内涵深刻、技术先进的精品力作和具有国际影响力的文化创意产业品牌。动漫游戏的3D创作和图形处理技术，移动联网和云计算技术开发运用等方面，几乎是空白。

三、大湘西地区文化产业发展的推进路径

突出文化生态旅游、工艺美术、民族民俗、文化创意设计等特色，以项目为牵引、园区为平台、品牌为导向，解放思想，深化改革，坚定不移地实施"文化大发展"战略，整合地区资源，搞好政策指导，促进项目落实，促进产业融合，加大非物质文化遗产保护传承力度，致力于打造全省文化旅游融合发展的示范区。在促进文化发展的过程中，大湘西地区着力推动特色品牌发展、量质并重发展、融合发展，走出具有地方特色的文化发展之路。"大湘西地区文化产业主要行业发展情况见表4-7，大湘西地区非物质文化遗产

及重要文物分布情况见表4-8"。

1. 注重优势发挥，走特色品牌发展之路

大湘西地区在文化开发过程中高度重视特色发展、品牌发展，一是注重特色发展。大湘西地区是土家族、苗族、白族等10多个少数民族聚居地，有着丰富的民俗风情和传统历史文化，如元宵灯会、土家六月六、土家女儿会、土家糊仓、泼水龙、板板灯、五雷山庙会等系列民族文化节庆习俗。这些地区可以高度重视挖掘、整理、利用这些民族文化资源，努力推进文化旅游，着力形成丰富的旅游文化，以满足人们的旅游需求。二是高度重视品牌发展。大湘西地区注重品牌培育，努力提高文化知名度。如湘西土家族苗族自治州加快推进"神秘湘西"品牌体系建设，保护和发展"神秘湘西"品牌地理商标，推动全州文化产业链由低端向高端延伸。张家界的《张家界·魅力湘西》入选中国文化品牌30强，此外，各地还结合自身的特色文化资源开发了一系列的产品，如《天门狐仙》《烟雨凤凰》等富有地方特色的文化产品已经形成了品牌效应。

表4-7　大湘西地区文化产业主要行业情况

地区	主要细分行业
湘西土家族苗族自治州	生态文化旅游产业、民族工艺品产业、文化旅游演艺产业、民族文化节庆产业
张家界	文化旅游业、工艺美术业、印刷业、休闲娱乐业、传媒影视业、文博会展业
怀化	花卉奇石、艺术雕刻、书画会展、民族服饰、手工制品、创意设计、民族动漫、移动互联网等
邵阳	艺术教育培训、文化旅游业、文化艺术品及民族民俗工艺品、演出业、文化娱乐业
娄底	文化旅游业、休闲养生业、创意设计业、书画产业、印刷出版业、特色工艺品业、演艺娱乐业

表 4-8　大湘西地区非物质文化遗产及重要文物分布情况

市州	文化文物分布
湘西土家族苗族自治州	国家级非物质文化遗产名录24项、省级名录62项，州级名录239项；国家级非物质文化遗产代表性传承人22人、省级传承人70人、州级传承人227人
张家界	全国重点文物保护单位7处，湖南省重点文物保护单位19处；国家级非物质文化遗产保护名录3项，省级保护名录12项，市级保护名录60项，拥有县级以上"非遗"项目传承人433位
怀化	其中列入国家级非物质文化遗产名录12项，省级22项，市级62项；国家级项目代表性传承人8位，省级23位，市级114位
邵阳	国家级文物保护单位5个，省级49处，市级102处。国家级非遗代表性项目共14项，省级21项；国家级非遗项目代表性传承人8名，省级21名

2. 注重品质提升走高质量发展之路

大湘西地区注重在做大文化产业的同时促进文化转型发展。一是积极做大文化规模。大湘西地区积极推动文化产业园区、基地建设，积极用好项目建设这一抓手，努力推动文化发展上规模。二是积极做优文化产业转型发展。大湘西地区高度重视企业升级换代，注重以重点项目为依托，发挥项目带动作用，促进产业升级、提质增效。湘西自治州创意型文化企业发展形势较好，湘西蜡的世界蜡染有限责任公司、龙山菊秀土家织锦技艺传承有限公司、山谷居民文化传播有限责任公司等一批创意型文化企业，立足非遗文化开展研发生产业务，累计产值近8 000万元。三是聚焦项目建设，推动产业集约发展。建成娄底市重点文化产业项目库。娄底市落实《娄底市重点文化产业项目认定管理办法》要求，下发重点项目包装谋划和建设的通知文件，加快建成了娄底市重点文化产业项目库。

3. 注重异业合作，走融合发展之路

大湘西地区高度重视文化产业合作发展，努力拓宽市场空间。一是重点

推进文化与旅游业融合发展，形成了具有较大影响力的文化旅游业。如张家界积极打造《梯玛神歌》《圣歌武陵》《张家界·魅力湘西》《烟雨张家界》《天门狐仙·新刘海砍樵》等民族演艺节目，其中《张家界·魅力湘西》《天门狐仙·新刘海砍樵》年产值均过亿元。张家界市有 5 台大型旅游演艺节目、座位 1.2 万个，2017 年全市各演艺场所共接待观众 234.66 万人次，实现门票收入 1.53 亿元。《张家界·魅力湘西》节目在旅游旺季时每晚演出 3 场，公司先后获得"国家文化产业示范基地""中国文化品牌 30 强"等荣誉，2014年以来先后 3 次参加了文化和旅游部组织的"海外春节"演出，公司还依托旅游演艺节目建成了魅力湘西广场文化旅游综合体。世界首台高山峡谷山水实景音乐剧《天门狐仙·新刘海砍樵》入选全国首批 35 个文化旅游重点项目，荣获"影响中国旅游文化演出类"唯一金奖和首届"湖南省文化创新"奖。再如邵阳充分利用邵阳崀山申遗成功的影响力，大力促进文化旅游产业发展。新宁崀山生态文化旅游、隆回花瑶民俗文化、邵东佘湖山生态文化旅游公园等均已形成一定的产业格局，提升了文化产业的竞争力。湘西凤凰县凤凰之窗产业园入园企业 30 余家，接待游客 8 万人次，实现产值12 000万元，以湘西神秘的非物质文化事项为线索，提炼神秘非遗文化活动的健康、唯美元素，编译成的非遗文化演艺节目《巫傩神歌》，实现门票收入 980 万元。二是积极推动文化与制造业、金融业、现代农业等产业融合发展。大湘西地区充分利用民族传统工艺，把工艺美术作品与旅游市场有机结合起来，创作、投资生产了砂石画、龟纹石雕、龟纹石砚台、三叶虫化石砚台、土家微缩景观、土家根雕、贺帅烟斗、土家挑花和麻布绣衣等工艺美术旅游纪念品，形成了地方特色。

四、关于大湘西地区支持文化产业发展的对策建议

1. 多方位支持、引导、促进文化产业发展

大湘西地区高度重视依托文化促进区域发展，要出台系列扶持政策。一

是进一步完善指导文化产业发展的宏观性政策。怀化市已出台了《怀化市文化强市战略实施纲要》《关于加快推进文化生态旅游业发展的意见》等政策；张家界出台了《提质张家界、打造升级版——张家界市加快推进国内外知名旅游胜地建设五年行动计划》《张家界市旅游 + 文化产业发展规划（2018—2022）》。湘西土家族、苗族自治州已出台了《中共湘西自治州州委湘西自治州人民政府关于进一步加强和改进宣传思想文化工作的实施意见》，邵阳市制定了《邵阳市文化产业"十三五"发展规划》。要进一步完善文化产业发展政策落实到位，规范文化产业引导基金等资金管理，净化文化产业发展环境。二是成立相关的协会或者其他组织，成立专门的引导基金推动文化发展，相关市州要注重发挥组织的引领作用，加大引导力度。如邵阳市成立了邵阳市文化创意产业协会，对行业协作起了很好的推动作用，其他大湘西地区可建立文化产业行业中介组织，打通产业链，加强合作与交流。三是积极争取上级支持。各市州要积极支持文化企业申报国家级文化产业示范基地，努力争取文化产业相关发展资金支持。积极争取国家、省级文化产业发展专项资金和湘西地区非物质文化遗产生产性保护项目资金。全面落实税费、用地、招商等扶持政策，提高文化企业市场竞争力和抗风险能力，推动文化产业高质量发展。四是规范使用好文化产业发展专项资金。推动文化产业发展专项资金扩容，更加规范文化产业项目申报流程，逐步提升文化产业发展专项资金使用效益，逐步压缩项目补助占比，提高贷款贴息、以奖代投占比，推动文化产业企业把更多精力放到推动企业内涵发展和产品更新换代上。

2. 打造平台，培育特色，促进文化产业发展

大湘西地区要注重文化产业发展平台的打造和特色产业的培育。一是大力推动文化基地、园区建设。推动湘西土家族苗族自治州武陵山民族文化产业园、怀化广告创意产业园、张家界天门狐仙文化旅游产业有限公司、邵阳的君子文化产业园等园区、基地建设积极推进，不断完善基础设施，不断健全相关配套管理体系，入园（基地）发展的企业不断增多，不断提升区域文化产业竞争力。二是培育"旅游 + 文化"产业融合发展特色。旅游演艺产业

是大湘西发展的一块金字招牌，要政府引导、市场主体，走差异化、品牌化、规模化发展的路子，着力整合规范旅游演艺业市场。大力培育和壮大现有文化单位，打造成文化产业龙头企业。重点支持魅力文旅发展有限公司等企业上市融资，做大做强。重点扶持具有一定规模、符合产业政策、有发展前景的企业。

3. 提升开发、发展水平

注重利用当地丰富的文化资源，努力加强文化资源开发，并利用各种机会开展合作推动文化产业发展。一是注重加强文化资源的开发。大湘西地区积极组织对境内文化资源进行全面、系统的整理，并建立文化资源数据库，努力形成可开发的文化产品。同时，政府有关部门积极组织制定相关规划，以文化规划引导产业发展。继续挖掘、整理文化产业资源，收集文化产业项目，做好文化产业建设项目的储备。二是注重外部市场开发。大湘西地区注重文化"走出去"。要积极组织参加深圳文博会、沪洽周湖南非物质文化遗产精品展示展销活动，让土家织锦、苗绣、踏虎凿花、苗族挑花等非物质文化遗产走得更远。三是注重项目大招商。注重对文化产业招商引资项目进行宣传与推广，为招商引资单位和投资商牵线搭桥，搞好文化产业项目洽谈工作。重点文化产业门类要储备一批招商项目，扶持一批在建项目，竣工一批产业项目。要全力对接北上广，深入开展好展会招商、专业招商以及全产业链招商活动，重点引进一批亿元级以上重大文旅产业投资项目，并积极推动项目落地和资金到位。

第四节　大湘南文化产业发展

大湘南是湖南文化的第二大阵地，包括郴州、衡阳、永州。2013—2016年文化和创意产业增加值年均增长 15.7%，高于全省平均水平的 2.8 个百分点。总量规模进一步壮大，表明大湘南地区文化产业整体发展水平较高，未来发展潜力较大。

一、大湘南地区文化产业发展状况

大湘南地区文化产业发展总体态势良好，文化产业呈现出蓬勃发展的态势，文化产业整体规模、发展质量、竞争能力大幅提升，核心优势和影响不断增强，文化产业发展水平迈上新台阶。

1. 总量规模不断壮大，集聚程度有所提升

大湘南地区文化产业呈现持续快速发展势头。一是文化产业规模不断壮大，增速持续高位运行。通过表4-9、表4-10、表4-11可以看出，三市的文化和创意产业增加值、总产出同比增长明显高于其市GDP的增长速度。二是产业集聚程度不断上升，主导产业进一步明确。三市根据自身的资源优势和文化底蕴，明确文化产业发展重点，逐步打造出具有自身特色的文化产业体系，有效提高了文化产业整体竞争。大湘西地区三市文化产业细分见表4-12。

表4-9　2015—2017年郴州文化产业发展情况

指标	单位	2015年	2016年		2017年	
			总量	同比增长（%）	总量	同比增长（%）
GDP	亿元	2 012.07	2 190.8	8.2	2 337.73	6.7
文化和创意产业增加值	亿元	109.26	115.13	5.41	130.13	13
文化和创意产业总产值	亿元	303.8	326.57	7.5	400.86	22
规模以上文化和创意产业企业个数	个	188	190	1	220	15.8
规模以上文化和创意产业企业主营业务收入	万元	256.42	278	8.4	300	7.91

表 4－10　2015—2017 年永州文化产业发展情况

指标	单位	2015 年	2016 年		2017 年	
			总量	同比增长（%）	总量	同比增长（%）
GDP	亿元	1 420.85	1 574.33	8.1	1 728.46	8.3
文化和创意产业增加值	亿元	41.13	51.36	24.9	69.07	34.5
文化和创意产业总产值	亿元	108.55	134.51	23.9	178	—
规模以上文化和创意产业企业个数	个	58	76	—	94	—

表 4－11　2015—2017 年衡阳文化产业发展情况

指标	单位	2015 年	2016 年		2017 年	
			总量		总量	
文化和创意产业增加值	亿元	99.6	122.7	—	131.5	—
文化和创意产业总产值	亿元	261.1	315.5	—	437.4	—
规模以上文化和创意产业企业个数	个	63	159	—	188	—

表 4－12　大湘南地区三市文化产业行业细分

城市	主要细分行业
衡阳	文化旅游业，工艺美术业，休闲娱乐业、传媒影视业
郴州	工艺美术业、图书报刊发行、艺术教育培训，文化旅游业，文化艺术品，演出业，文化娱乐业
永州	图书报刊发行、印刷复制、演艺娱乐、广播影视、艺术培训和艺术品交易、网络文化与广告传媒以及文化旅游

2. 文化产品推陈出新文化活动丰富多彩

大湘南地区积极开展文化产品创作和群众文化活动。一是文化产品推陈出新。近几年来，大湘南地区文化市场出现一批精品力作，如衡阳的《父亲》《王船山》，郴州的《姐姐出嫁》等作品，此外，郴州3个精品剧目被评为2017年国家艺术基金资助项目，2个精品剧目入选文化和旅游部戏曲孵化项目，10个昆曲入选2018年度中华优秀传统艺术传承发展计划。原创《小邑时空传》《赵子龙计取桂阳》相继在央视、农村院线播出。二是文化活动有序开展。"欢乐潇湘"群众文艺汇演活动等文化活动惠民效果明显。永州则重点打造节庆品牌，中国阳明山"和"文化节，江华瑶族盘王节、涛圩茶文化节、大圩炮节、码市火烧狮子、九嶷山舜文化旅游节、周敦颐理学文化节、道州龙船赛等一系列重点文化活动品牌影响力越来越大。郴州全面实施"送戏曲进万村送书画进万家""公益电影放映""全民健康路径""欢乐潇湘 美丽郴州我的家"等惠民工程建设，切实保障基层文化权益。每年免费送戏下乡1 000余场，开展农村文化活动1 500余场，免费放映公益免费电影5万余场。

3. 文化发展载体不断增多，发展活力不断增强

大湘南地区注重文化载体的打造，注重市场主体的培育。一是重大文化设施的不断健全。衡阳、郴州、永州积极完善文化产业发展的基础设施，努力增强承载能力。永州市大力推动文化中心（包括市图书馆、市博物馆、市群众艺术馆、永州大剧院、青少年活动中心等十大功能建筑）建设。衡阳市的"三馆两中心"即游泳馆、体育馆、图书馆、影剧艺术中心和青少年活动中心建设进展顺利。郴州重点实施一批公共文化设施建设项目，市文艺中心（四馆一厅）已完成主体工程，市博物馆、市群众艺术馆新馆正在进行内部布展施工。郴州桂阳县成功创建省级现代公共文化服务体系示范区，全市公共图书馆、群艺馆（文化馆）、博物馆（纪念馆）、美术馆、乡镇文化站、村级综合文化服务中心、农家书屋、广播"村村响"县级播控平台、"户户通"工程等建设或提档升级任务基本完成，全市现代公共文化服务体系逐步形成。

二是市场活力不断增强。三是市场主体不断增多，有效地繁荣了文化市场，壮大了产业规模。据郴州市文化部门统计，截至 2017 年底，郴州市文化产业从业人员约 39 万人，各类文化经营单位 7 558 家，规模以上文化企业 200 家，文化产业法人单位实现总产出 326.57 亿元，实现增加值 124.34 亿元，文化产业增加值占 GDP 比重达 5.26%，成为新的支柱型产业。截至 2018 年底，永州市现有各类文化经营单位约 8 696 户，其中规模以上文化企业 178 家，比上年增加 84 家，增速达到 89.3%，增幅居全省前列。其中规模以上文化制造业企业 34 家，比 2017 年增长 27.2%；文化批零企业 44 家，增长 30.7%；文化服务企业个数达 100 家，增长 82.6%。规模以上文化服务企业个数增速分别高出规模以上文化制造业和文化批零业增速 55.4 和 51.9 个百分点。在 2018 年同比新增的 178 家规模上文化产业企业中，新增文化服务企业共计 54 家，占比为 36.8%。

4. 传统文化产业蓬勃发展

大湘南地区工艺美术业发展资源条件得天独厚，发展势头迅猛。郴州市工艺美术行业涵盖金银制品、珠宝玉石、烟花爆竹、各种雕塑、编织刺绣、工艺陶瓷等六大门类，现有规模以上企业达 110 余家，主要集中在烟花爆竹、金银制品、宝玉石产品、陶艺品、雕塑织绣品等产业，个人工作室有 40 余家，其他个体加工作坊遍布城乡。据统计，全市从业人员达 3 万余人，年加工销售额近 50 亿元，2018 年已突破 60 亿大关，在全市文化产业创新发展中，日益壮大的工艺美术类文化企业独树一帜。2012 年至 2018 年，郴州组织了上百家企业、500 余人次的活动，先后参加了七届全国工艺品交易会和中国工艺美术大师作品暨手工艺术精品博览会、中国湘绣文化艺术节暨湖南省工艺美术品博览会，展示郴州珠宝玉石、金银制品、雕塑工艺品的精品力作，共获得国家级金奖 4 个、银奖 15 个、铜奖 36 个，省级大奖上百个。郴州临武县宝玉石资源储量丰富，玉石分布广、品种多、硬度高、色彩丰富、可雕性强。2017 年该县正式成立县宝玉石开发管理工作机构，核定机关事业编制 5 名，致力打造宝玉石"百亿产业"，与舜通宝玉石文化发展有限公司合作开发建设临武县宝玉石文化产业园,计划总投资16亿元。现产业园项目一期工程投入逾3亿,建筑面积达5万m²,完成了玉石街、公盘中心、精品市场建设,已入驻全国各地宝玉石企业100余家、从业人员近万人,产业规模化、高端化、集群化效应凸显,并被确定为国家宝玉石首饰特色产业基地。集公盘、展览、商贸、鉴定、研发、科普、旅游等多功能于一体的宝玉石文化产业园已初具规模,2018年5月19日至23日举行了第六届中国(湖南)国际矿物宝石博览会临武宝玉石文化产业园开园活动,9月28日至10月7日举办了湖南临武首届宝玉石文化旅游节。园区全年产值可达14.2亿元,仅加工宝玉石产值达8.9亿元。

印刷、包装等制造行业是永州市传统优势文化产业,骨干企业效益不断提升。湖南奔腾文创有限公司产品远销英国、美国、意大利等20多个国家和地区,2017年实现产值42 729万元,出口创汇926万美元,上缴税费1 344万元;2018年奔腾文创的创意产品印刷产业化智能制造项目获评"国家印刷智能制造示范和试点项目";公司先后被评为"国家文化产业出口重点企业""国家印刷复制示范企业""湖南战略新兴企业"和"湖南文化旅游十强企业"。江华九恒集团是国内条码行业龙头企业,生产的快递单已占领全国市场7成以上份额;2018年实现总产值156 997万元,销售收入86 648万元,利润10 063万元,税收3 203万元;公司力争5年内年产值达到55亿元,10年内达到100亿元。江华展承创益文化有限公司二期投资7 500万元建设自主品牌高端文具生产线,年产值3亿元,年实现税收约1 500万元。

二、大湘南文化产业发展主要存在的问题

虽然大湘南地区文化产业发展取得了积极成效,但也还存在诸多问题,高位运行面临不小挑战。

1. 文化产业规模小,起点仍然较低

一是虽然大湘南地区文化产业发展状况是文化主体数量繁多,但文化产

业总量和规模以上文化企业相对偏小，多为小微企业和个体户，粗放经营比较普遍，缺乏有影响力有竞争力的龙头企业，缺少科技含量高的文创行业，缺少特色鲜明、有市场前景的文化产品，缺乏重大文化产业项目的带动力和文化产业园区的影响推动力；资源整合与开发的程度低，文化产业增加值占GDP比重在全省排名比较靠后。二是大湘南文化产业发展水平与永州、衡阳、郴州历史文化名城的地位和文化资源还不相匹配，文化的重要地位和功能作用尚未得到充分发挥，离"文化强市"的要求还有较大差距。系统产业经营收入主要是传统文化企业。

2. 龙头企业大项目少，带动能力弱

龙头是促进文化产业发展的主导力量之一，大湘南地区龙头规模小，整体实力不足。一是有影响的龙头文化企业太少。尽管近年来大湘南地区规模以上文化企业有所增加，但是相较于长株潭来说，其文化产业总量规模不大，文化旅游等相关产业尚处于培育成长期，行业内部龙头企业数量较少。文化产业企业规模普遍偏小，缺乏大型企业的支撑。例如，衡阳市列入统计的全市文化产业企业5 039家，平均每家企业增加值仅228万元；规上、限上法人企业法人企业213家，平均每家企业增加值436万元；规下、限下企业及服务业法人企业4 826家，平均每家企业增加值仅45.8万元。永州市除奔腾彩印、江华九恒集团年产值过亿外，其他基本上都是小微企业，甚至大部分还是个体户，企业的规模化、社会化、产业化程度低。二是大项目不多。从招商引资及筹备中的项目来看，大湘南地区除北湖区小埠民俗文化村、异蛇酒文化产业基地等少数项目投资过亿元外，大项目数量并不多，难以推动区域内部产业规模跨越式发展。同时，部分在建较大项目建设进度相对偏慢，难以对文化产业快速发展形成支撑。

3. 要素资源短缺，支撑能力弱

要素是支撑文化产业发展的基础性条件，大湘南地区发展要素相对不足。一是资金要素相对不足。文化企业特别是小微型文化企业自身资金实力有限，

持续投入能力不足，影响了企业做大做强。同时，受制于文化企业规模有限、特色优势不突出以及缺乏厂房设备等抵押物的影响，文化企业融资难度更大，导致发展过程中资金要素相对缺乏。二是人才要素不足。大湘南地区文化单位人员结构普遍老龄化，文化产业人才更是稀缺，极度匮乏既懂文化又懂经营的复合型高层次人才，既会创意又懂技术的文化科技人才。三是文化产业发展形势不容乐观。大湘南地区文化产业面临着体量偏小、转型乏力、增速放缓等问题。受经济下行压力加大、新媒体冲击等诸多因素的影响，报社、广电等国有文化单位的生存发展形势严峻，普遍面临广告收入锐减、读者用户流失严重、负债多、产业发展资金缺口大等问题。民间手工艺、民间戏曲表演等非物质文化遗产产业，依赖师徒传承、家族口传，创意人才缺乏、文化含量不高、技术手法单一、量产化程度低、市场竞争力弱。

4. 投入不足，文化设施相对落后

投入不足是制约文化产业发展的重要因素。一是文化产业发展投入不足。财政预算支出总体不足，据衡阳、郴州、永州三地财政部门预算报告显示，2013 年，郴州文化体育与传媒支出不足 1 亿元，仅 0.9 亿元，衡阳为 1.1 亿元，永州仅 0.32 亿元，2014 年永州预算支出也仅 0.37 亿元，总体投入明显不足。从文化产业发展专项资金来看，总量规模偏小，对市场的带动能力有限，例如，2014 年郴州市文化产业引导资金规模仅 800 万元，与长株潭地区比较相差较大。二是公共文化设施还比较落后。市、县（区）公共文化设施建设历年欠账较多，大部分县（区）乡镇文化单位基本上处于"守摊子"的状况，公共文化设施的落后，给文化项目的招商引资带来很大困难，在很大程度上影响了文化资源的开发和利用。文化产品生产不能有效满足群众对美好文化生活的需求。现代公共文化服务体系不够健全，服务能力不够强，供给渠道不够宽广，供给方式不够多，创新不足，精品稀缺，不能满足人民群众增长的精神文化需求。公共文化基础设施建设滞后，一些县级图书馆、文化馆的馆舍面积、设施设备等基本指标尚未达到国家要求。如郴州市中心城区至今没有建立美术馆，没有专业演出剧场。县级公共图书馆、博物馆（纪

念馆）、美术馆未全覆盖，全市只有 6 个县区有博物馆（纪念馆），只有 3 个县市有美术馆；宜章的文化馆场地是租赁的，图书馆挤在一间房里。基层基础设施标准不高，文化站、村级文化活动中心设备陈旧，且挪用现象严重，群众参与性不强。城镇文化体育设施落后于经济发展和城镇建设。永州市的文化馆、图书馆、美术馆等一些基础设施面积狭窄，设备落后陈旧，没有大型的文化艺术中心，远远不能满足老百姓对文化的需要。

三、大湘南地区文化产业发展的推进路径

大湘南地区文化产业发展思路是贯彻落实中央、省、市关于文化建设的一系列方针政策，以文化产业项目化管理为手段，注重完善政策体系、培育市场主体、加强规划指导、创新体制机制、强化资金保障，不断健全文化市场体系，优化文化产业结构，提升文化创新能力，进一步发展文化生产力，文化产业进入一个加快发展的新时期。大湘南板块，可以利用好国家级承接产业转移示范区这块金字招牌，加快推动文化产业与装备制造业、出口加工、对外贸易、现代服务业等相关领域融合发展，致力于打造全省文化出口加工的集聚区。大湘南地区文化产业发展路径多元，主要包括项目兴业、帮扶发展、整合发展等路径。

1. 协调"三驾马车"，走项目兴业之路

大湘南地区注重发挥好项目建设、招商引资和向上争资三驾马车的作用，努力促进文化产业发展。一是发力项目建设。大湘南地区要高度重视项目建设这一抓手，设计包装一批项目。衡阳市设计规划了来雁塔、珠晖塔、船山书院维修保护等项目。郴州市大型旅游文化娱乐节目"南国丽都秀"、IMAX万达影城、潇湘国际影城、东方影城投入运营。永州要加快建好异蛇生态文化产业园、冷水滩区菜市镇邓家铺潇湘文化园、道县濂溪故里文旅产业园、江华县神州瑶都文化博览园、蓝山县文化创意园。二是积极开展招商引资工作，衡阳在招商引资、项目建设、创业服务等方面予以大力支持，不断提升

服务水平，形成招商引资的"强磁场"效应，成功引来一批"国"字号、"总"字号、"亿"字号企业。赢得赛伯乐、菜零、盛世等资本大鳄看好，吸引了华侨城、万达等企业巨头入驻。还与"猪八戒"等网络合作，建立"互联网＋创意＋"模式，倾力打造集文化创意、资源共享、信息互通、发展共赢的大融合发展平台。郴州市成功引进了田汉演艺公司、万达影视集团和潇湘电影集团。三是高度重视向上争取资金，大湘南地区积极对接国家、省文化部门，努力争取项目、资金支持。

2. 发挥政策优势，走"帮扶"发展之路

大湘南地区注重释放政策活力，促进文化产业发展。一是积极出台文化产业发展支持政策，进一步争取财政、金融、税收、经信、工商、商务、科技、国土、住建等部门加大对文化发展的扶持力度，有效促成文化与旅游亲密"联姻"、文化与金融共谋发展、文化与科技携手共进。如郴州市编制了《郴州市"十三五"文化体育旅游产业发展规划》（2016—2025）和《郴州市矿物宝石产业发展规划（2017—2025）》，出台了《郴州市文化旅游千亿产业四年行动计划（2016—2019 年)》《郴州动漫产业扶持办法》等系列文化产业规划扶持政策。还下发了《关于进一步深化文化市场综合执法改革的实施方案》的通知（郴办发〔2017〕25 号），对全市文化市场综合执法改革的指导思想、总体目标、主要任务、工作要求等明确了时间表、路线图和任务书。衡阳出台了《衡阳市文化产业知识产权战略实施意见》等政策。二是高度重视政策落实，帮助企业跨越发展。如衡阳市文化部门联合市金融办组织人民银行、各国有股份制、商业银行、农村信用社与文化企业代表进行了一次面对面的交流，与项目无缝对接，取得了较好效果，推出文化产业相关的重点项目 89 个，其中 25 个项目与银行实现对接，授信额达 38.56 亿元。

3. 做宽做长产业链条，走整合发展之路

整合发展是文化产业发展的必由之路，大湘南地区高度重视整合文化资源，做宽做长文化产业链条。一是积极做宽产业链条。大湘南地区积极推动

文化产业横向发展，促进文化产业与服装设计、建筑设计、科技、旅游等相关产业合作，如永州市江华县已建成瑶族服饰生产加工基地，有瑶族服饰生产厂家4家。再如，永州异蛇科技实业有限公司采用先进的蛇毒提取技术，开发生产出保健、化妆等一系列产品，目前正大力推向市场。二是积极做长产业链条。大湘南地区大力促进文化产业纵向发展，着眼处于产业价值链高端的文化内容、创意成果和知识产权。

4. 优化产业结构，走培育特色的融合创新之路

一是做强做优一批文化企业。策划包装一批重点文化项目，优化投资环境，吸引有实力的龙头企业来投资兴业，解决大湘南文化产业资金不足和人才、产业经验不够的问题；引导文化产业集聚，支持建设一批省、市、县级特色文化产业园区基地，给予优惠财政、土地、住房等政策扶持。二是推进文化旅游深度融合。加快地方历史文化、绿色生态环境文化与旅游景点深度互动融合。文化产业各种业态发展丰富，大湘南可专注特色，在创意设计、休闲文化、特色科普等文化新业态方面提高发展速度，在互联网软件开发、广告、新媒体及文化信息服务、高端印刷等领域涌现一批文化龙头企业。

四、关于促进大湘南地区文化产业发展的对策建议

大湘南地区文化部门采取积极举措推动文化产业发展上台阶、上水平，主要包括载体建设、改革创新等方面。

1. 以转型发展为导向，促进文化产业提质升级

大湘南地区高度重视文化产业转型发展。一是努力提升文化产品品质，促进产业转型。大湘南地区立足自身优势，积极建设一批具有重大示范效应和产业拉动作用的重大文化产业项目，集中人力、物力、财力对重点文化资源进行打造、开发和利用，做到选准一批、开发一批、利用一批，形成文化品牌，提升发展品质。二是注重改造提升，有效提质现有文化产业。大湘南

地区注重对现有文化设施的改造，大力推动文化产业布局优化，以此推动文化产业转型发展。如郴州市的文化项目"双十工程"就是促进产业转型发展的重要举措。三是积极引导推动重点产业转型发展，大湘南地区通过整合文化资源，形成发展优势，带动区域文化产业发展。永州市文化创意产业可以充分利用女书、湘妃竹等特有的文化符号和文化元素，力求在工艺品加工和制造方面实现突破。

2. 以载体建设为核心，夯实文化产业发展基础

文化园区和基地是文化发展的基础与平台，大湘南高度重视发挥这一平台的作用，利用文化产业园区集聚资金、资源、人才的优势，加快文化产业园区和基地建设，推动文化产业集聚、集群化发展。一是努力做大做强现有文化产业园区。据永州市文化部门初步统计显示，永州市异蛇酒文化产业基地总投资达到2.6亿元，基地内部加快推进柳宗元异蛇文化广场、酒文化园、野生异蛇谷、异蛇科普馆、游客服务中心等设施建设。衡阳市中国雁城艺术文化创意园已经正式挂牌，"2688"文化创意产业园一期正式投入使用。郴州要大力推动飞天山文化旅游产业园、临武宝玉石文化产业园、白露塘工业园区"园中园"文化产业园、桂阳文化园、永兴银都文化产业园、嘉禾车头铸都文化创意园等园区建设。二是积极扶持新的产业园区的立项、建设、发展。积极培植申报国家、省级文化产业示范基地。继续推进园区项目建设，大幅度提升产业发展支撑能力。

3. 以改革创新为手段，加快促进文化产业发展

改革创新是促进文化产业发展的必要手段。一是深入推进文化体制改革，释放文化发展活力。面对文化产业发展的新趋势、新要求，大湘南地区注重抓发挥市场在资源配置中的决定性作用，让市场来调节文化企业的生产和供给；注重完善和创新宏观调控，加强事中事后的监管，努力打造公平良好的市场环境，充分保障企业投资自主权，让市场主体不断进发新的活力。二是积极发挥科技创新的作用，加强对原创性强、技术先进，能形成自主知识产

权，产业前景良好的文化企业的支持力度，培育一批特色鲜明、创新能力强的文化科技企业。如衡阳市高度重视新技术的应用，组织湖南湘衡彩印有限公司申报了《数字化高速节能印刷系统技术改造》项目、衡阳市瀚博文化传播有限公司申报了《数字化连锁书店（O2O）平台》项目。三是着力构建现代文化市场体系。鼓励民间艺术团体、演艺场所发展，建立公平、公开、公正的演出市场竞争机制。落实扶持小微文化企业相关政策措施，引导小微文化企业走"专精特新"发展之路。不断增加"四上"文化企业数量，扩大产业规模。积极开展文化产业主题招商引资、参展、办展活动。筹办文化、旅游、体育、康养主题招商引资推介会，大湘南特色文化产业会展及湘南古民居招商推介会等，争取更多文化产业项目落地。推动文化、体育与信息、旅游、农业、健康等领域深度融合。大力发展文化旅游、演艺娱乐、特色节庆、特色展览、体育赛事等特色文化产业，努力打造"一县一品"文化产业项目。

4. 以创新与传承为宗旨，加强文化遗产保护

一是加强对文物资源和民间文学、传统艺术、传统技艺、民风民俗等非物质文化遗产的保护和传承，实施地方戏曲和传统工艺振兴工程，抓好"戏曲进校园"活动，推动戏曲进校园、进乡村。二是推动"文化遗产＋文化创意"，让文化遗产融入当代生活，开展文化和自然遗产日等主题传播活动，推动非遗进校园。三是推动"文化遗产＋精准扶贫"，助力乡村振兴，依托特色文化村镇打造一批文化旅游村镇，依托文化遗址园打造一批文化主题公园。

第五节　湖南县域文化产业发展研究

近年来，随着我国经济发展步入"新常态"，主要特征体现在"速度调档、结构优化、动力转换"，现代产业须要通过技术创新驱动，向改革创新要效益、要质量。在新一轮文化体制改革"红利"激发下，湖南文化产业发展迎来了"第二春"，"湖南文化现象"再度升级引发全国关注。但湖南文化产

业发展的"亮点"主要集中在长沙、株洲、湘潭地区和岳阳市、常德市、衡阳市等经济相对发达的地级市，县域文化产业发展基础薄弱、动力不强的问题没有根本性改变，文化产业主题同构、产业同质、特色相仿的现象没有根本性改变，在全省范围内没有形成多点支撑的发展格局。在全面建成小康社会的关键时期，要推进湖南文化产业发展持续走在全国前列，发挥好文化产业在县域经济"调结构、转方式"中的引领带动作用，实现文化产业的县域突破，是摆在各级党委政府面前的一项重大课题。

一、湖南县域文化产业发展的基础特征与瓶颈制约

1. 基础特征

湖南历史人文资源之丰富在全国名列前茅。近年来，湖南各县市高度重视历史人文资源的挖掘和文化产业的发展，湖南县域文化产业的总产值、单位法人数、从业人数等增长较快。从调研获取的有关资料看，绝大多数县市都在积极发展富有一定县域特色的文化产业，呈现出你追我赶的良好势头。

从产业发展的空间结构特征来看，少数县域的文化产业已成为当地文化产业的主导产业，甚至是当地经济的支柱产业，但全省范围内县域文化产业发展的区域不平衡特征非常明显。从省统计局发布的统计数据分析可以看出，全省 72% 的文化资源主要集中在县域，而县域文化产业的增加值却只占全省的 38%，县域文化产业处在全省文化产业倒金字塔底部，以地级市、县级市、建制县为空间单元对文化产业增加值进行排序，湖南文化产业增加值排前 10 位的都是地级市，因而在全省形成了倒金字塔结构，造成了发展不均衡的局面。

2. 瓶颈制约

一是县域文化资源整合不够。湖南有 122 个县，每个县均具有独特的，丰富多样的文化资源。然而，众多的资源缺乏整体规划、挖掘。文化资源出

现"养在深闺人未识"的现象。文化资源的利用也呈现无序、单一、分散的现象，如同一粒粒珍珠，散落在县域各个角落。不少县域文化产业积弱的原因归根结底是未能梳理、挖掘出本地文化资源内涵与特色，因而无法突出优势，形成合力，进而无法形成规模化与整体化发展，文化产业链条难以延伸。二是文化品牌形成过缓。发展县域文化产业，关键在于文化品牌的有效树立。有了品牌，才有影响力、吸引力和知名度。许多县域缺乏打造本地品牌的理念，缺乏与周围文化资源融合的理念。有的有品牌意识，却缺乏必要的宣传和策划。三是文化人才支撑不足。人才关乎产业兴旺，对县域文化产业而言，面临两种窘境：其一，人才总体数量缺乏，其二，高端人才缺乏。对非物质文化传承人、能工巧匠类人才复制不够，后继青黄不接。其他的文化科技类等新兴文化产业人才数量严重不足。四是产业发展动能不强。有关部门对文化产业的发展重视不够，认为要想发展县域经济只能走工业化道路。文化产业发展市场体系不健全，商业模式缺乏活力。主要表现为文化产业以政府引导为主，缺乏龙头企业、大项目带动。

二、湖南县域文化产业发展的重点与方向

1. 打造县域文化旅游品牌

加大对武广高铁、沪昆高铁、平汝高速等交通沿线文化旅游景点的开发力度，着力建设好若干条精品旅游线路和景点集群，建设好伟人故里韶山、瓷都醴陵、湘中宝地新化、神秘花瑶地隆回、和平之城芷江等旅游目的地。继续抓好大湘西文化旅游融合发展，高标准建设好 12 条大湘西文化旅游精品线路，努力打造具有广泛影响力的"神秘大湘西"文化旅游品牌。着力抓好以红色文化、生态文化为依托的大湘东文化旅游产业带建设，通过主题宣传、主题活动、主题节会等，唱响大湘东文化旅游主旋律。借助高铁开通的机遇，补齐县域文化旅游产业发展不足的"短板"，加强文化旅游特色县建设，通过专项扶持、项目安排等措施，支持凤凰、新化、新宁、永定、炎陵、通道等

建设文化旅游特色强县。打造高铁沿线文化旅游产业带，借助高铁经济发展，加强跨省合作，在高铁沿线着力建设好若干条精品旅游线路和景点集群。

2. 突出县域文化产业的湖南元素

扩大县域文化消费内需，着力提高广大人民群众的文化水平、文化兴趣、文化追求，营造文化消费的良好环境，搭建传播高雅文化的消费平台，完善满足人们日常消费的文化市场，大力培育文化消费主体，构建扩大文化消费内需的长效机制。通过政府推动与市场运作相结合、壮大规模与提升效益相结合，重点推进县域文化产业的提质升级，加快形成多点支撑、点面结合、整体推进的发展格局，助推全省文化产业协调和可持续发展。围绕县域丰富的文化资源，挖掘、改造民间特色传统工艺，加强非物质文化遗产保护与传承，重点推进湘绣、湘瓷、湘茶、烟花等传统优势产业的提质发展。继续办好具有县域特色、富有创意的各类节庆活动，整合、升华本土文化内涵，充分展示湖湘文化的独特魅力。依托县域独特历史文化和山水资源发展"文化旅游业"，依托县域非物质文化遗产培育"工艺美术业"，依托县域传统曲艺和民歌发展"演艺娱乐业"，培育具有地方特色的文化创意企业，引导县域文化产业特色化、差异化发展。

三、湖南县域文化产业发展的对策建议

县域文化产业是县域经济的重要组成部分，是文产湘军的重要支撑。近年来，虽然全省的文化产业得到了长足发展，但县域文化产业普遍不强、区域差距不断拉大。"基础不牢，地动山摇。"必须把县域文化产业摆在更加突出的位置，切实筑牢文化产业大厦的根基。

1. 完善县域文化产业扶持模式

不断激发县域文化产业活力。进一步转变政府职能，从经济调节、市场监管、公共服务等方面下功夫，为县域文化产业发展提供良好的环境。加大对县级文化产业发展资金的支持力度，鼓励和支持有实力的县级文化骨干企业转型升级、做大做强，积极培育新的文化产业增长点，切实提升县域文化产业的整体经济功能。

2. 用足、用好扶持政策

全面整合和落实国家及省促进文化产业发展的政策，制定适宜各县实情的实施细则和配套政策。组织专题培训班，帮助县域文化企业领会吃透各项文化产业优惠政策。市、县各级要切实发挥好文化产业专项资金引导作用，提升资金的使用效益。积极搭建服务平台，成立县级文化产业协会，利用协会组织加强行业管理，促进产业交流、资源共享、联合发展。加大文化创意产业园区建设支持力度，打造文化创意产业孵化基地。优化金融服务，建立县域文化产业银企对接交流平台，畅通文化产业"绿色贷款通道"。扩大县域文化招商，将文化产业作为重要招商门类，制定专门的优惠政策，实行"一事一议、一项一策"的招商策略，营造宽松的经济发展环境。

3. 推动县域文化产业发展战略的研究和引导

把发展文化产业作为推动经济发展和社会进步，提高居民素质，改善生活质量，满足社会需求的一项重要举措，列入各级党委、政府的主要议事日程，给予足够的重视。通过聘请文化、旅游、建设、古建筑等方面的专家组成智囊团，深入调研，摸清家底，吃透县情，加强研究，尽快编制县域文化产业"十三五"发展总体规划，建立县域文化产业项目数据库，明确主攻方向，进一步提高文化产业在县域经济社会发展中的比重，统领县域文化产业发展大局。同时要以"一县一品"文化品牌创建工作为抓手，把开发湖湘文化资源、彰显特色文化形象结合起来，立足于本地的文化资源禀赋，发挥比较优势，明确发展重点，把资源优势转变为产业优势。挖掘资源，发展特色文化产业。充分挖掘各县市区丰富的历史文化、民俗文化、红色文化、生态文化等自然禀赋和特色文化，走县域"文化＋"融合发展之路。目前，湖南共有世界级非物质文化遗产3项，国家级非物质文化遗产118项，省级非物质文化遗产 202 项。要充分利用好这些宝贵资源，推进湘绣、湘瓷、烟花等特色传统工艺提质升级，鼓励有市场潜力的非物质文化遗产采取"项目＋传承人＋基地""传承人＋协会""公司＋农户"等模式开展生产性保护。办好具有县域特色的各类节庆活动，积极搭建非物质文化遗产等特色文化展示平台，着力提升文化产业的品牌影响力和市场竞争力。

4. 依托品牌，推进全省文化旅游特色县建设

要进一步支持凤凰、新宁、新化、炎陵、通道、南岳、韶山、永定、双牌、宁远、资兴、汝城、宜章等 13 个县市区的文化旅游特色强县建设；支持伟人故里韶山、宁乡花明楼，以及世界自然遗产武陵源、崀山，世界文化遗产永顺老司城，和平之城芷江等精品旅游目的地的建设；积极打造高速、高铁沿线文化旅游产业带和景点集群，努力实现各地优势资源抱团发展、集群发展、错位发展。

第五章　湖南文化产业融合发展研究

第一节　湖南文化科技融合发展研究

一、湖南"文化＋科技"的融合发展状况分析

当今世界是一个经济全球化、数字化、信息化的世界，文化产业与科学技术的发展已经进入相辅相成、密不可分的深度融合阶段。随着世界多极化、经济全球化进程的加快和科学技术的飞速发展，文化产业已成为当今知识经济的重要组成部分，在经济增长中发挥着极其重要的作用。文化淬炼出时代精神，科技凝聚着前进力量。科学技术为文化产业发展提供了强大的技术支撑，为其开拓了无限空间，致使文化产品的制作方式、传播渠道、经营模式等方面，以及人们的娱乐方式发生了巨大的变化。在信息社会，科技创新与文化产业的双向推动已经汇合成一股强大的历史洪流，推动文化产业螺旋式上升。

从全球发展的层面来看，一些信息产业高度发达的国家或地区，已经逐步形成包括网络服务产业、数字游戏产业、电脑动画产业、移动内容产业、数字影音应用产业等为主的数字内容产业群，为文化产业发展注入了新的动力。美国发出了"资本的时代已经过去，创意的时代已经来临"的宣言。英

国 2012 年伦敦创意产业产值将超过金融业而成为第一产业，正成为"世界卓越的创意和文化中心"。文化湘军加快了文化科技融合的步伐，给世界展示了富于湖湘文化思想的数字影视、出版、动漫等作品。

1. 新型文化产业企业发展势头强劲

"新湖南""时刻"、芒果 TV 等新媒体平台全面上线，"时刻"客户端被国信办列为全国五家重点客户端。芒果 TV 点播量居全国前六，在世界媒体实验室编制的 2016 年度"世界媒体 500 强"排行榜中，位列第 396 位，为传统广电业背景中唯一入选该榜单的新媒体，营业收入从 2014 年的 5.67 亿元，快速增长到 2016 年的 19 亿元，2017 年突破 35 亿元。2016 年，华声在线股份有限公司全年实现收入 3.5 亿元，利润 5 308 万元，较上年增加 3 800 万元。拓维信息、快乐阳光入选 2015 年度"中国互联网企业 100 强"。对接国家和省委省政府"互联网+"行动计划，打造一批本土优秀的创意创客平台。长沙市移动互联网企业达 1 400 余家，从业人员近 3 万，营业收入近 300 亿元。天闻数媒数字教育产品已覆盖全国 30 个省份、239 个市区县、2 600 所学校，全年实现营业收入 5.72 亿元，较上年增长 43%。电广传媒通过投资并购实施"传媒+互联网"的战略升级，新媒体业务已成为公司发展新的动能和新的利润增长点，2016 年给公司新增收入 20 亿元以上，新增利润 2 亿元。长沙高新区移动互联网企业每年以 1 000 家以上的速度增长，2016 年底已达 3 500 多家。全省通过国家动漫企业认证资质年审的企业达到 34 家，动漫游戏总收入超过 140 亿元，同比增长 21.43%；上市运营的手游 73 款，同比增长 72.6%；动漫图书销售达 299.51 万册，同比增长 18.4%；动漫游戏及相关类知识产权申请数为 960 项，同比增长 33%。2016 年长沙共举办展览 201 个，展览面积 203.33 万 m²，观众人数 558.87 万人次，成交金额 528.52 亿元。全省广告行业共有经营主体 52 070 户，广告从业人员 343 955 人，广告经营额 242.3 亿元，同比分别增长 44.16%、121.3%、20.55%。15 家广告公司获得中国一级广告企业资质，68 家广告公司获得中国二级广告企业资质，均比 2015 年增加了 4 家。①

2. 新兴文化业态成长性良好

动漫、网络游戏、手机游戏等为代表的新兴文化业态成长性良好。数字动漫方面，"国家数字媒体技术产业化基地""湖南国家动漫游戏产业振兴基地"，借助一大批科技重大专项的实施，屡破文化创意产业发展的技术瓶颈。截至 2012 年，长沙作为中国第一个民族卡通品牌诞生地，其创作生产数量长期居全国前列，产业总产量连续 4 年位居全国第一，动漫游戏产业在国内率先运用无纸化制作关键技术。在数字化方面，长沙以设立科技园区、文化基地等措施重点扶植高科技文化项目，青苹果数据中心、拓维手机动漫等数字文化产业迅速享誉全国，业务遍布全球。创意设计通过科技新产品这一载体，已成为长沙文化产业的高端业态。位于高新区的华凯创意已位列全国行业前三名，华凯创意在由中国美术家协会、中央美术学院主办的第五届全国环境艺术设计大展中获"中国环境艺术贡献奖"。

3. 传统文化产业的升级转型发展

湖南科技攻关重点支持的文化产业中，不仅有影视、出版、动漫、创意设计等新兴业态，还有陶瓷、烟花、湘绣等代表长沙地域特色的传统文化产品。在十多年前，陶瓷大红颜料不耐高温还是一项世界性难题，烧制大红色瓷器是很多制陶人不可企及的梦想。中国红瓷器发明人、湖南高新技术企业——长沙大红陶瓷董事长尹彦征历经 15 年的科研攻关，攻克了这一难题，开创了中国工艺美术一个全新的品类——中国红瓷器。技术的突破，带来了一个崭新的文化产业。"追梦中国红"的大红陶瓷 2011 年跻身"中国文化品牌价值排行榜"文化创意品牌分榜前十。一场以科技引导的花炮产业"工业

---

① 《湖南文化产业发展势头强劲一季度营收约 890 亿》红网　2017 - 05 - 08https：// hn. rednet. cn/c/2017/05/08/4287325. htm。

革命"，使浏阳从单纯的花炮原产地，一跃成为全球最大的烟花爆竹生产与贸易基地。通过电脑设计编排出"春江花月夜""梁祝""奥运五环""脚印""笑脸"等一系列创下国际烟花界多项世界纪录的特效烟花，均包含很多技术成果。华盛烟花新品"彩鹤追月"蝉联上海国际音乐烟花产品锦标赛桂冠。此外，烟花发射也从传统的人工点火发展为计算机控制发射。新材料技术的进步使烟花产业跨入微烟、无残渣、无异味等环保绿色低碳时代，这是继芯片烟花、自控发射之后，长沙花炮产业成功完成的第三次技术革命，并使我国成为全球在此领域产品系列最丰富、技术水平最高的国家。

4. 科技文化创意产业园区的打造提质

长沙天心文化产业园于 2011 年 2 月被授予"国家级文化产业试验园区"，2012 年晋级为"国家级文化产业示范园区"，是中南五省（湘、鄂、皖、赣、黔）唯一的国家级文化产业示范园区。2011 年 11 月，全国第四个国家数字出版基地"中南国家数字出版基地"落户长沙天心区；2012 年 4 月，长沙天心广告创意产业园被国家工商总局授予"国家广告产业园区"。至此，长沙天心区"两园一基地"的文化产业园区布局基本形成，在全国范围内率先完成了对以上三大国家级文化产业发展平台的聚集。广告创意助力天心文化产业园文化科技融合发展。按照国家财政部、工商总局（现为市场监督管理总局）所明确的把园区建设成为"长沙广告产业发展核心区、湖南广告产业发展先导区、全国广告产业发展示范区"的总体要求，园区广告创意产业将获得长足发展。数字出版基地打造天心产业园文化科技融合发展的"数字园区"。"中南国家数字出版基地"是全国第四个国家级数字出版基地，是由湖南省新闻出版局主导实施的重大产业平台建设项目，也是长沙天心文化产业园引进和协助实施的"园中园"项目。按照项目规划目标，未来五年内，将以其为专平台，一是建设中国电信、中国移动、中国联通在中南地区的数据处理中心。二是展开与中国卫通集团、中国移动集团、中国联通集团、华为集团、苹果、高通、诺基亚、索尼、富士康等世界 500 强企业的合作。三是对中南出版传媒集团、拓维信息、青苹果数据中心、快乐阳光互动娱乐、华声在线等省内企业相关新建项目进行聚集、整合和培育。

早在 2012 年 5 月，在第八届文博会上，科技部、中宣部、文化部等五部门联合发布了首批 16 家国家级文化和科技融合示范基地，长沙成为十六分之一。长沙国家级文化和科技融合示范基地依托全国首批区域技术创新工程示范城市和国家知识产权示范城市、国家创新型试点城市、科技进步示范市和全国第一批三网融合试点城市的实力，以"创新、创作、创造、创业"为基本思路，以"新技术、新平台、新体系、新模式、新业态"为基本方略，以动漫游戏、数字传媒与出版、创意设计、数字旅游等为亮点。长沙国家级文化和科技融合示范基地自建成以来，大力实施科技创新和文化创新双驱动战略，坚持科技创新与文化创新融合发展、辐射带动、开放交流原则，逐步完善以企业为主体、市场为导向、产学研相结合的文化科技创新体系，努力推进文化和科技深度融合。

二、推动和制约文化科技融合发展的因素分析

1. 湖南科技实力不断壮大

近年来，湖南省大力推动科技产业化，发挥第一生产力的引擎作用，涌现了一大批科技研究和科技产业化方面的优秀实体。截至 2015 年年末，湖南省有国家工程（技术）研究中心 18 个，省级工程（技术）研究中心 282 个；国家级重点实验室 15 个，省级重点实验室 141 个；国家与地方联合的工程研究中心 14 个，国家（与地方联合）工程实验室 26 个；国家认定的企业技术中心 39 个，签订技术合同3 710项，技术合同成交金额105.4 亿元，登记科技成果 777 项；获得国家科技进步奖励成果 14 项，国家技术发明奖励 4 项。① "天河二号"超级计算机获全球超算"六连冠"，"海牛"深海钻机、永磁同

① 《湖南省"十三五"新型工业化发展规划》湖南省人民政府网 http：//www. hunan. gov. cn/xxgk/fzgh/201612/t20161216_ 4902833. html

步牵引电机、新一代大容量石墨烯超级电容、常导短定子中低速磁悬浮列车等一批高新成果研发成功。湖南省 2015 年专利申请量共 54 501 件，比上年增长 23.3%。湖南 2015 年综合科技进步水平指数为 54.29%，增幅位居全国首位。它们为推动湖南文化与科技融合发展创造了重要条件。（根据《湖南省 2015 年国民经济和社会发展统计公报》等文件的数据。）如图 5－1 为 2010—2015 年湖南省专利申请量和授权量。

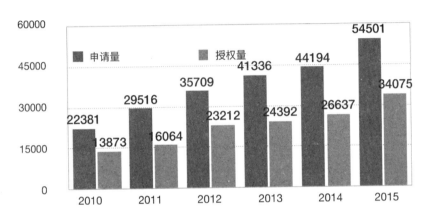

图 5－1　湖南省专利申请量和授权量（2010—2015 年）

湖南省把科技创新作为推动文化生产方式发生革命性变迁的有力杠杆，突出科学技术不但是第一生产力，也是推动文化创意产业发展的革命性力量。湖南省鼓励研发文化创意领域的核心技术、关键技术和共性技术，为文化创意产业提供了有力的技术支撑。

2. 重视"互联网＋"文化产业新业态的发展

湖南一直重视科技对产业的促进作用，先后出台了《湖南省战略性新兴产业文化创意产业发展专项规划（2011—2015）》和《创新型湖南建设实施纲要》。文化创意产业被列为七大战略性新兴产业之一。2012 年长沙被评为 16 家首批国家级文化和科技融合示范基地之一。2014 年，湖南专门召开了文化与科技融合发展第一次联席会议，研究公布了第一批文化与科技融合发展重点扶持单位名单，涌现出天闻数媒、中广天择、华声在线、芒果传媒、青苹果数据、华凯创意、明和光电等一批在全国"叫得响"的文化科技企业和快速增长的新兴文化业态，完成了一批重大技术研发项目，为文化产业发展提供了强有力的技术支撑。2015 年，湖南省人民政府办公厅印发《湖南省移动互联网产业发展 2015 年行动计划》。2015 年，湖南省委全面深化改革领导小组审议通过了《关于推动湖南省传统媒体和新兴媒体融合发展的实施方案》，进一步抓好省直三大传媒集团融合项目，推动传统媒体和新兴媒体优势互补、深度融合、一体化发展。2018 年，出台《湖南省人民政府办公厅关于进一步鼓励移动互联网产业发展的若干意见》，这些政策文件为进一步鼓励移动互联网产业发展提供政策保障。发展活力澎湃的文化产业借科技发展东风，积极与移动互联网结合，培育互联网视频等新兴业态。

3. 科技文化创新研发投入比重较低

尽管湖南科技实力不断壮大，但与全国相比，科技文化创新研发投入比重仍较低。文化产业需要获得科技的驱动力，发达国家和地区都加大了研究开发投入力度，并且把研究开发投入占 GDP 的比重作为提升国家和地区创新环境的一个重要指标。湖南省 2015 年用于研究与试验发展经费支出 412.7 亿元，相当于全省生产总值的比例为 1.43% 。这一比例明显低于全国平均水平（2015 年全国研究与试验发展经费支出平均水平为 2.07%），而且在中部地区也仅占第 4 位（同属于中部地区的陕西省 393.2 亿元，占比 2.18%；安徽省 431.8 亿元，占比 1.96%；湖北省 561.7 亿元，占比 1.90%）。全国研究开发投入总额超过千亿元的省（市）有 5 个，分别为江苏、广东、山东、北京和浙江。研究与试验发展经费支出比重超过全国平均水平的省（市）有 8 个，分别为北京、上海、天津、江苏、广东、浙江、山东和陕西。[①] 这在一定程度

---

① 2015 年全国科技经费投入统计公报，国家统计局，2016 – 11 – 11 http://www.stats.gov.cn/tjsj/zxfb/201611/t20161111_ 1427139.html

上制约了湖南文化的产业的发展。

三、湖南科技文化融合创新平台建设

湖南科技文化融合创新要积极发挥平台经济（Platform Economy）的作用，集聚大量的金融资本、文化资源和社会装备，推动优化整合与有效提升，成为覆盖全省的服务平台体系。

1. 构建科技文化融合的服务平台

构建科技文化融合的服务平台，促进科技文化创新与产业的结合，与工业、现代农业、城市建设业、旅游业等的联动，通过组合创意研发和设计的供需双方/多方，依托优良的基础设施和市场信息的精确匹配，加快创新研发的适度和产业化效益。湖南省的第一、第二、第三产业都需要通过科技文化创新，不断提升科技内涵和文化附加值，而湖南的科技文化创新也需要在跨界服务中获得广阔的市场空间。有鉴于此，要通过建设科技文化创新的跨界服务平台，不但进行横向的跨界产业链拓展，而且进行垂直的价值链整合，创造高质量的就业机会，汇聚综合创新的协同效应。

2. 建设科技文化创新的知识产权评估中心和要素交易平台

要形成科技文化创新的知识产权评估中心和要素交易平台。聘用优秀的专家与学者，汇聚精通科技文化创新和知识产权价值评估及管理应用，熟悉国内外相关法律政策的行业精英，形成以科技要素知识产权评估和服务为主，兼顾其他资产评估的格局。开展专利权、著作权、软件著作权、商标权等的价值评估服务，开展非专利技术、网站价值评估、企业家价值评估等无形资产评估项目的咨询服务，特别注重提供以科技成果入股、资产重组和作价入股、质押贷款、合资合作、转让购买等为目标的知识产权价值评估服务，加快科技创新要素的市场化流通和优化整合，打通研发、中试、产业化推广等环节，尽快把科技创新要素转化成为可投资、可兑现、可增值的资产。

3. 建设科技文化创新的资源和设备共享平台

要建设和加强科技文化创新资源和设备共享平台，让更多的科技文化信息、装备、实验室等，在共享经济的平台上发挥更大的作用。湖南省有国家工程（技术）研究中心 18 个，省级工程（技术）研究中心 282 个。国家级重点实验室 15 个，省级重点实验室 141 个。国家（与地方联合）工程研究中心 14 个，国家（与地方联合）工程实验室 26 个。还有数十所大中专院校。但目前有不少科研设备和实验室的使用率很低。据统计，2013 年我国大型科学仪器年均有效工作时间为 1 157 小时，对外服务率为 10.6%，许多设备"冷落闺中"而需求用户则"僧多粥少"。有鉴于此，湖南省要制定统一的标准规范，建立统一的全省科技文化创新资源和设备共享管理服务平台，通过有偿服务，建立后补助等激励机制，这样不仅可以发挥科技文化创新资源和设备的作用，也可以弥补设备折旧和管理费用。

4. 建设科技文化众创平台

建设科技文化众创平台与众创空间体系，支持科技文化领域的创新工场、创客空间、社会实验室、智慧小企业创业基地等新型众创空间发展。要进一步贯彻湖南省政府办公厅印发的《湖南省发展众创空间推进大众创新创业实施方案》，对接中央和省委省政府"互联网＋"行动计划，大力鼓励"大众创业、万众创新"，重点发展文化传媒、移动互联网、创意设计、智能智造，发挥众创空间的示范带动作用，催生一批创新创业服务平台。

5. 建设对外文化贸易的服务平台

要建设对外文化贸易的服务平台，顺应国际文化贸易规则的新变化，争取国家有关部委的支持，建立湖南省艺术品保税仓库等项目，开展国际艺术品的保税交易和非保税交易，开展保税仓储、保税租赁、保税展示、保税交易等新兴业务。

6. 建设对外文化传播的服务平台

要拓展湖南对外文化传播平台，把"这里是湖南"系列外宣平台和《世界看湖南》电视栏目等做优做精，支持"新湖南"开设英文栏目、出版集团推进海外并购等，加快构建技术先进、传输快捷、覆盖广泛的国际传播体系。积极搭建文化出口交易平台，支持文化企业参加境内外国际性知名展会、接洽活动及文化交流，支持在省内举办国际性文化及相关产业交流活动，积极打造湖湘特色文化产品跨境电商交易平台，加快文化走出去海外营销渠道和落地平台建设。

四、加快湖南文化科技融合发展的对策建议

1. 不断深化文化体制机制的改革，加大对科技文化创新研发的投入

把不断深化文化体制改革，作为推动科技文化创新的关键突破口。要进一步建立健全科技文化产业领域的现代企业制度，完善国有文化资本授权经营、预算管理、审计监督等方面的制度，健全党委领导和法人治理相结合的内部管理运行机制，不断激发科技文化企业的内生动力。要进一步推进公司制、股份制改造，形成符合现代企业制度要求、体现文化企业特点的资产组织形式和经营管理模式，切实提高市场竞争力。要实施重大项目带动战略，提高科技文化企业集约化经营水平，鼓励跨国度、跨地区、跨行业联合或重组，推动优质资产向优秀科技文化企业聚集，发挥其示范效应和产业拉动作用。鼓励文化上市公司与产业并购基金对国内外优质文化企业进行联合投资并购，对被并购企业在省内项目落地和运作给予政策和资源支持。进一步推动人才制度的创新，在科技人员兼职创办科技文化公司，实施技术成果参股和入股等方面给予积极扶持。

加大对湖南科技文化创新体系及文化创意基地建设的资金投入力度，要

以政府财政投入带动企业、高等院校、科研机构等多元化的社会资金投入，使得湖南省对研究与试验发展经费支出水平，总量达到 500 亿元，尽快达到和超越全国平均水平，达到中部地区领先的水平，在基础研究、应用研究和试验发展经费支出的比例方面达到适当的平衡。

2. 集聚国内外的科技文化创新企业和机构，实施更开放的国际人才引进政策

鼓励跨国公司在湖南建立地区总部或者研发中心，吸引科技和文化类的国际组织总部、学术论坛落户湖南，在湖南设立分支机构。鼓励有条件的湖南高校、科研院所参与国际组织活动。鼓励和培育科技文化类跨国公司和外向型文化企业。对总部机构的税率降低到 8% ~ 15%，对科技文化类跨国公司和外向型文化企业进口自用设备和试剂等减免税，实施文化科技自用试剂等通关便利化。同时，鼓励湖南省有条件的高校在海外建立办学机构、科研院所。实施更积极、更开放、更有效的海外人才引进政策，吸引全球范围内的科技文化人才向湖南集聚，包括优化永久居留证申办条件，放宽居住时限要求，健全完善的市场认定人才机制等。经人才主管部门认定的外籍科技文化高层次人才来湖南工作，可不受 60 周岁年龄限制，方便其申请 5 年有效期的工作类居留许可等。加快推进外国专家证和外国人就业证"两证合一"试点。

3. 培育骨干型的科技文化企业，扶持小微科技文化企业的发展

要推动骨干型科技文化企业"顶天立地"式发展，发挥它们在资源、人才、资本、品牌、技术、市场、管理等方面的优势，不断提高集约化、规模化、专业化经营水平。要在湖南省具有优势的广播影视和新闻出版等产业，支持骨干企业进一步拓展与移动互联网、短视频直播、超高清影视、数字出版、网络电视与电台、先进制造等相结合的新兴领域，鼓励芒果 TV、映客、微歌等领军企业和新锐企业的健康发展，积极培育湖南科技文化企业的上市

公司，鼓励它们通过资本市场获得更加有效的资本动力，在构建科技文化创新体系方面发挥更大的作用。

要推动小微文化企业"铺天盖地"式发展。湖南省拥有文化和创意产业法人单位近4万家，其中80%以上为小微文化企业。要把小微文化企业作为推动科技文化创新的重要源头，为"专、精、特、新"小微文化企业的发展搭建公共服务平台，落实土地税收等优惠政策，协调解决融资难、融资贵等问题。要让税收优惠政策贯穿于中小企业的创办、发展、转让等各个环节，实行税收政策扶持手段多样化，广泛运用亏损结转、税收抵免、费用扣除、加速折旧、出口退税、提取风险准备金等间接税收优惠支持方式，引导和激励企业投入更多的资金用于文化科技设备更新和自主技术创新，增强科技文化创新的活力。

4. 构建多级别的科技文化创新奖励机制，落实鼓励科技文化创新的财税政策

要构建更加完整的文化产业奖励激励机制，设立省级文化创新奖，推动科技文化创新体系建设对影视制作、网络游戏、移动通信增值服务等平台的渗透，特别是在产业经济发展成就显著的动漫、卡通、数字游戏、影视、音乐、信息技术、娱乐、移动网络等产业诸多领域加大政府奖励支持的力度。借鉴浙江省建设特色小镇的经验，对科技文化创新体系和重点文化创意产业基地的建设，优先给予土地指标等方面的安排，在达到各项建设指标的基础上，给予一定的开发用地奖励配套支持。

要落实鼓励科技文化创新的各项财税政策。根据业务规模、税收贡献等因素，筛选符合条件的文化企业，提交给相关部门审议认定。经过认定的科技文化类营运中心和平台型文化企业，可获得更大力度的税收优惠和其他扶持政策。

5. 提高科技文化国际合作与贸易的便利化，加强科技文化领域知识产权的保护

吸取上海、广东、福建、天津等自贸区改革开放经验，进一步推动科技文化企业扩大国际投资和贸易的便利化，实行对外文化服务贸易的出口免退税政策。鼓励湖南的科技文化企业开展在岸服务和离岸服务，包括知识产权授权使用、电脑服务、工程与建筑及技术服务、音乐服务、视听服务、软件服务、影视服务、现场事件的广播和纪录服务等诸多领域，比照出口货物免抵退税的概念公式，实施"免、抵、退"等有效举措，从而吸引集聚科技文化企业开展对外出口业务。

6. 培育科技文化的新业态和新模式之路

充分发挥湖南科技文化创新体系及文化创意基地建设的作用，积极鼓励开发新一代超高清电视和电影、数字音乐、网络广播、互联网内容、智慧教育、家庭互联网、公共区域 WIFI 覆盖等 7 个重点领域，形成以技术为驱动，以内容为引导，以企业为实体，以应用为目标的科技文化新业态。要鼓励开发科技文化领域的新商业模式。表 5 - 2 体现了湖南文化科技融合发展的新兴业态。

表 5 - 2　湖南文化科技融合开发的新兴业态

	主要门类	重点领域	建设内容
新兴业态主要门类	新型视听类	新一代影视	新一代超高清电影电视、移动电视、手机影视等
		数字音乐	数字音乐、音乐门户网站、网络下载音乐等
		网络广播	网络电台、UGC 和 PGC 内容服务
	IP 和信息类	互联网内容服务	互联网门户网站、短视频直播服务、微信公众号等
		智慧教育	网络教育、远程培训、数字图书馆、智慧校园等
		数字出版	网络文学、数字期刊、网上文艺社区、手机动漫等
		家庭互联网	智能家庭、多屏互动、远程医疗、精准推送

续表

	主要门类	重点领域	建设内容
新兴业态主要门类	智能制造类	文化智能制造	3D 打印、个性化设计定制、基于大数据的创意研发等
		文化科技装备	数字影视装备、会展装备、舞台装备、印刷装备等
	会展广告类	新型展览	数字化展览、数字文化产权交易、数字化艺术品拍卖
		会议服务	数字会议服务、人工智能翻译、远程会议服务等
	娱乐旅游类	娱乐旅游	数字化演艺、数字化主题公园、AR 和 VR＋文娱产业化等
		休闲健康	远程健康服务、文化养老社交网络服务、电子竞技、数字化景观等
	社会服务类	搜索与物流	搜索引擎、电子商务、物流配送、大数据深度开发等
		文化金融	互联网文化众筹、文化众包、文化外包服务等
		创业孵化	虚拟商务区、数字众创空间、网络孵化平台等

第二节　湖南文化金融融合发展路径

资本跨地区、跨行业、跨所有制的自由流动中文化产业发展的主要趋势。湖南文化产业借助资本力量，整合了文化资源，提高了文化资源配置效率，优化了产业结构，提高了产业竞争力，产业得以大跨步发展。

一、湖南文化金融的融合发展状况

1. 上市企业引领文化产业并购重组潮流

文化企业以其丰富的资本运作经验继续引领着文化产业并购重组的潮流。湖南文化企业已有 8 家成功上市，即中南传媒、电广传媒、拓维信息、天舟文化、快乐购、华凯创意、高斯贝尔、中广天择。其中拓维信息、天舟文化则分别成为中国"手机动漫第一股"和"民营书业第一股"。一方面表明了民间资本涉足文化产业的广度和深度均有了很大提升，另一方面表现了资本市场对文化传媒题材的强烈关注与期许。

湖南电广传媒股份公司 1999 年 3 月在深交所挂牌上市，被公认为"中国传媒第一股"。上市十几年来，电广传媒资本经营成效显著，已经发展成一个以有线电视网络运营、创业投资、影视节目制作发行、广告代理四大业务为主，以旅游、房地产、酒店等投资业务为辅，经营地域横跨长沙、北京、上海、广州、深圳的大型综合性文化传媒公司。电广传媒在资本市场发展，主要实行的是"资本经营＋产业经营，以投资反哺文化传媒产业"双轮驱动发展战略。其要点主要有两个。第一，借力资本市场。电广传媒在 2000 年成功共募增发新股，用于组建湖南省 22 个市、县有线广播电视网络传输公司和湖南有线电视网络的技术改造。2012 年完成股权重组，采用资本运作方式，对市县有线广播电视网络合资公司的广电局（台）股东增发新股 1.22 亿股（送配后），通过股权置换重组整合全省有线电视网络，从根本上解决多头法人治理的体制瓶颈问题。2013 年 12 月完成 53 亿的定向增发。第二，投资反哺主业。近几年，电广传媒有线网络业务发展走出湖南，先后投资参股了新疆、天津、青海、河北保定等几个省市的有线网络；积极拓展广告、影视节目等传媒内容业务；打通传媒产业上下游的投资机会，创建长沙世界之窗——圣爵菲斯大酒店。

新闻出版集团建设取得显著成效。中南传媒 2008 年年初主动实施运营战略，启动改制上市工作。2010 年 10 月 28 日成功在上交所挂牌上市。将湖南出版集团原有的出版、发行、印刷与物资、报刊网络新媒体四大主营业务和资产整体纳入中南传媒，确保编、印、发、供、媒产业链条的完整性。中南传媒充分利用改制上市带来的优势，展开一系列跨媒体、跨区域、跨所有制、跨行政级次、跨行业重并购组向。第一，资源整合提升出版能力。2012 年 12 月，中南传媒与中南博集天卷自然人股东及中南博集天卷签订协议，以合计人民币1.1163亿元的对价，最终持有中南博集天卷 51% 的股权，顺利完成对博集天卷的并购，成为出版行业国有企业并购民营企业的典型案例。2011 年

11月，中南传媒出资1 900万元与民营选题策划人合资组建由中南传媒占股95%的上海浦睿文化传播有限公司。2013年11月，中南传媒以增资2 000万元的方式取得中央级出版社民主与建设出版社有限责任公司70%的股权。第二，资本扩张加速印务转型。2011年，中南传媒下属的湖南天闻新华印务公司出资2 070万元成功并购并增资凯基印刷（上海）有限公司，在上海异地开辟面向全国的合版印刷基地。第三，资本整合跨界联合经营。中南传媒与世界第二大通信设备供应商华为技术有限公司共同出资3.2亿元重组中南传媒旗下的天闻数媒科技公司，打造大众阅读和数字教育平台。中南传媒与日本最大的动漫企业角川集团共同出资3 000万元设立由中南传媒控股51%的广州天闻角川动漫公司，集轻小说、漫画、期刊于一体的数字化出版空间的 TK - Store 平台上线运营。中南传媒与深圳腾讯计算机系统有限公司合资1 000万元成立湖南腾湘科技有限公司，中南传媒占股49%，共同推出大湘网。2013年8月，中南传媒与湖南教育电视台签署战略协议，双方合资创立湖南教育电视传媒公司。2017年，中南传媒实现营业收入103.60亿元，实现归属于上市公司股东的净利润15.13亿元，位居全国出版上市公司前列。公司荣获第四届中国出版政府奖（先进出版单位奖），连续九年入选全国文化企业30强。

2. 银行业支持文化产业力度不断提升

在财政金融部门、文化宣传部门等相关部门的积极推动下，金融对文化产业领域的信贷投放实现了快速增长，银行信贷进入文化产业已取得了积极的进展与成效。形成了全方位深度合作的新型战略合作伙伴关系。民营文化企业彰显文化运作扩张力量。湖南民营企业通过跨媒体、跨区域的资本配置，在原主业上升空间有限的情况下，转型发展，赢得成长的更大空间。以天舟文化为例，资本运作一直是天舟十年发展的助推剂、润滑剂。2006年天舟文化服务有限公司开始积极推进上市工作，2010年12月15日成功在创业板登陆。上市之前，天舟文化2009年6月收购天舟华文制30%股权，7月设立了广州天瑞文化有限公司。2010年12月参股江苏凤凰天舟新媒体有限公司，占该公司49%股权。2011年4月设立浙江天舟图书有限责任公司，7月投资参股北京北舟文化有限公司。为进一步增强盈利能力，实现产业整合，产生协同效应，天舟文化 2013 年与北京神奇时代签署了天舟文化股份有限公司发行股份及支付现金购资产协议，购买神奇时代全体股东持有的 100% 的股权。神奇时代主营业务为移动网游戏的开发与运营，交易完成后，神奇时代成为天舟文化的子公司。同年 12 月，出资 1.04 亿认购北洋出版传媒股份有限公司4 000万股，建立全方位、长期的战略合作伙伴关系。

3. 政府积极搭建投融资平台

在湖南省委、省政府"文化强省"战略的号召下，政府和金融机构密切合作引导金融资本和文化产业实现成功对接。2016 年，湖南省文化产业与金融业合作对接会在长沙举行，对接会集合了全省 138 家优秀文化企业，邀请了银行、证券、担保、投资公司、交易所等 65 家金融机构参会，19 个重点文化产业项目进行了融资签约仪式，签约总金额1 593.6亿元，其中战略合作协议1 300亿元，授信金额 241 亿元，贷款合同金额 49.6 亿元，股权投资 3 亿元，可以说很好地实现了给文化企业与资本的牵线搭桥的目的。2018 年 1 月，湖南省文化改革发展领导小组办公室与北京银行长沙分行举办文化金融行动计划发布暨战略合作签约仪式，计划未来五年，北京银行长沙分行将提供意向授信 500 亿元，用于支持湖南省文化产业发展。这意味着以北京银行为代表的银政合作、银企合作，银行金融的撬动。

二、制约文化金融融合发展的因素分析

资本配置在提高湖南文化资源配置效率、优化文化产业结构、提升文化产业竞争力、推动文化产业跨越式发展等方面发挥了重要作用。但湖南文化产业资本配置发展还存在一些问题，特别是与国外文化集团相比，存在明显的差距。

湖南文化产业创新发展研究

1. 融资难阻碍文化产业资源优化配置

企业改组、并购需要有大量的资金支持，不可能完全依靠自有资金来完成。当前湖南文化产业融资占社会融资整体规模的比例仍然偏低，没有完备的资本市场去筹措和运用资金，直接削弱和影响了企业资本扩张的能力。主要表现在以下几个方面：第一，文化企业融资难。文化企业缺乏可资抵押物，相比其他类企业而言，银行贷款风险较大，这就制约了金融机构发放贷款的积极性。第二，融资规模不大。文化企业大多是中小微企业，业务量得不到保障，经营业绩相对其他行业较低。大型金融不愿涉足，就算是政策予以发放贷款，量也比较小。第三，融资成本高。文化企业在融资过程中，需要担保、评估、咨询等一系列的程序，公关费用、融资活动花费的人力成本和时间成本等，这都增加了融资成本。

2. 相关服务在质量上、数量上不足

文化企业进行资本扩张是一项高度专业化、技巧很高、法律严密的工作。文化企业资本经营人员需对文化产业运营模式及风险因素有透彻的了解，对文化市场趋向有敏锐的把握，需要很好地理解文化领域的监管政策及法规，同时熟悉国内外金融市场，熟练运用各种金融工具。目前，湖南仅在新兴文化产业初步形成了一定数量的职业经理人队伍。在传统文化经营部门，特别是一些事业单位转制而成的文化企业，缺乏懂文化、会经营的资本运作高级人才。同时，近年来，涉及文化产业资本运作的论坛相继在湖南举办，湖南文化产业研究相关文章接连面世，但纵观既往成果，普遍重宏观轻微观，重理论轻实务。相关统计数据以及依托经济学研究方法对其展开的规范分析相当欠缺。现实层面对文化产业资本运作智力支持的迫切需求与建设性成果的有效供给之间，依然存在着巨大的落差。

· 176 ·

三、湖南文化金融融合发展的推进路径

步入"十三五"以来，湖南文化与金融、科技、旅游的融合力度不断加大，文化和创意产业发展活力不断加强，文化资本在不同文化行业及相关行业间快速流动，进行市场化集结，文化和创意产业的资本优化配置达到新高度。

1. 推动文化金融融合走向规模化

推动文化金融融合走向规模化将促使金融机构针对文化产业的专营化水平不断提升，金融资源配置效率和水平将不断提高，为文化产业创新发展提供持续动力。近些年来，在银行投贷方面，各类银行开展了"投贷结合"的创新服务。湖南文化产业的发展离不开银行业的贷款支持，不过，银行与文化企业的合作并未仅限于贷款，比如国家开发银行湖南分行即充分发挥"投贷结合"的综合金融服务优势，一次性为文化旅游项目解决资金问题。国开行在打造张桂文化旅游珍珠链、支持武陵山区文化旅游项目时，利用"基金投资＋银行贷款"的创新融资模式，一次性成功解决了文化旅游项目资本金和银行融资的两大问题。以矮寨大桥旅游观光电梯、索道交通设施工程项目为例，该项目位于矮寨特大悬索桥两侧。建设内容包括矮寨大桥茶岸桥头的观光电梯工程和吉岸桥头的观光索道工程，项目概算总投资16 939万元。项目的投融资方案为：国开行贷款10 000万元；国开发展湖南"两型"元兴基金企业向借款人吉首市矮寨景区投资开发有限责任公司投资，拟投资金额10 100万元。实际上类似合作情况，在湖南文化产业中并不罕见，包括北京银行长沙分行、交通银行湖南省分行也针对性地推出了创新金融产品。据统计数据显示，2016年全省文化、体育和娱乐业的银行贷款金额突破70亿元。截至2017年年末，北京银行累计向400多家文创企业提供授信支持近100亿元。在北京银行服务过的文创企业当中，不仅有像湖南日报、湖南广电网络这样的大型企业集团，以及像天舟文化、华凯创意这样的优质上市公司，还有一大批具

有发展潜力的小微文创企业。与此同时，北京银行通过表内外融资，积极支持省内重点文化旅游项目，先后支持了张家界武陵源风景区、常德桃花源风景区和长沙铜官窑等大型文化旅游项目，为湖南文化强省战略提供了金融助力。①

2. 推动文化金融融合走向专业化

文化和创意产业在当前湖南国民经济发展及经济结构调整中发挥着越来越重要的作用，文化企业亦取得了良好的经济效益。如浏阳文化产业园区通过"浏阳烟花绣"这样一个创意萌芽，开启了湘绣艺术与地域文化、地方产业融合发展的新模式和新方向。如前所述，"十二五""十三五"以来，湖南省委、省政府亦出台多项优惠政策，进一步扶持和鼓励文化和创意产业的发展。在这种形势下，诸多银行金融机构开始对湖南文化产业领域渗透和展开专业的投融资服务，目前除了国家开发银行、中国工商银行和中国银行等几家国有独资银行以外，农、建以及北京、招商等股份制银行亦开始有涉足湖南文化产业领域的投融资服务，与此同时，湖南中亿百联投资管理有限公司等一批规范的、合法的民间投融资中介服务机构亦开始涉足文化行业，这一趋势促使湖南文化行业的资本优化配置事宜日趋专业化。但是还有近4万家中小微文化企业。他们的融资难、融资贵问题甚至更为严峻，如通过银行进行间接融资，会面临缺乏固定资产抵押，更别提想进入资本市场进行直接融资。因而，不少中小微文化企业通过挂牌四板市场，借助湖南股交所的融资平台来实现融资需求。截至2016年，已有169家文化类产业企业在股交所挂牌，其中优选板挂牌企业166家、股改板挂牌企业3家。领投基金投资基金聚集了省内外近160家意向投资机构，形成了强大的跟投阵营。其中梯田教育、山猫卡通和惟楚有才就是领投基金的受益文化企业，其中梯田教育获得了1.26亿的意向投资，山猫卡通获得了4 000万元的意向投资金额，惟楚有才获

---

① 黄文成：《湖南文化产业与金融"零距离"合作19个项目融资签约》三湘都市报2016妮娜12月13日。

得了1 650万元意向投资。

3. 推动文化金融融合走向集约化

文化金融融合发展使得"以效益（社会效益和经济效益）为根本对资本要素重组，实现最小的成本获得最大的投资回报"成为可能，逐渐形成湖南文化和创意产业资本优化配置的主要趋势。近几年所发生的，湖南文化企业资本重组、并购大事件都体现了这一趋势。在大众阅读方面，电子书运营在中国移动阅读基地出版社类 MCP（内容整合商）收入排名第一；在数字教育方面，自主研发的电子书包 Aischool 产品已进入 11 个省市 200 余所学校使用。又如 2013 年天舟文化对外发布的对北京神奇时代网络有限公司的收购计划。神奇时代主营业务为移动网游的开发与运营，注册地在北京，成立于 2009 年，于 2012 年 2 月、6 月先后成功推出了《三国时代》《忘仙》两款移动网游戏，获得了爆发式的增长，并带动了整个移动网游游戏市场的繁荣，成为中国领先的移动网游戏企业之一，拥有较广的客户群，较大的融资潜力。正式基于此，天舟文化通过向特定对象发行股份和支付现金的方式而最终完成对神奇时代完全收购。2016 年，湖南骨干文化企业纷纷涉足资本市场，通过并购重组来丰富产业布局，为企业发展开辟新空间。湖南教育报刊集团通过股权收购，顺利取得对康乃馨公司的绝对控股权（持股 68.74%），健康养老成为公司新的主要增长点。拓维信息通过并购长征教育和商海云天等国内顶尖在线教育公司，预计实现营业收入首破 10 亿元，同比增长约 40%；净利润约 2 亿元，同比增长约 70%，成为湖南移动互联网产业领军企业。天舟文化投资 2.05 亿元控股人民今典，增厚教育板块的出版资源，打造泛教育板块航母舰队。湖南漫联卡通公司收购宏梦卡通旗下"虹猫蓝兔"所有系列动画节目著作权和相关动画形象商标，并购湖南笨狼文化传播有限公司，整合动漫游戏产业的上下游资源，已拥有疾风劲射、虹猫蓝兔、笨狼三个核心 IP。

四、加快湖南文化金融融合发展的对策建议

国内外经验表明，越是经济增速放缓、产业结构调整期，融资作用越大越明显。目前中央已在战略性新兴产业领域开展融资试点，各省市逐步出台文化产业金融融合发展政策。湖南文化创意产业要"赢在新一轮起跑线"，需要利用担保融资杠杆，深化金融合作，支持一批创新型文化企业做优做强做大。

1. 完善体制，强化组织规划协调

中央文化产业发展专项资金对文化金融合作单位支持门槛为注册资本 10 亿元。适应湖南文化产业快速发展、转型升级的需要，通过省管国有文化企业增资、各级文化产业发展专项资金、旅游产业发展专项资金注资，吸引社会资本投入等多种方式，逐步扩大公司注册资本金，到"十三五"期末，达到 10 亿元。文化产业与金融融合发展涉及发改、文化、财政税务等多个政府部门，还涉及银行、保险、证券等多个金融部门。为加强领导必须健全领导机制，建议由发改或宣传部门牵头，主管的省委、省政府领导亲自挂帅，建立由发改、宣传、文化、财政等部门参与的金融与文化融合发展领导小组，由该小组领导牵头，组织文化和金融专家参与制定出台金融支持文化产业的系列相关政策。其次，加强顶层设计。湖南文化金融融合发展理念的内涵外延范围还有待进一步界定明确，文化金融融合的重点、攻坚难点，还值得进一步在理论与实践上进双重研究，如何制定科学的配套政策也缺乏整体的规划和设计。建议组织相关专家，从顶层设计的角度制定全省融合发展的整体战略规划，明确文化金融融合发展的定位，增强政策的系统性、整体性和协调性。

2. 创新机制，加大财税金融政策支持力度

首先要完善财政资金投入机制。金融对文化产业的支持广义上包括财政

资金的支持。湖南文化产业引导资金2017、2018年年投入均为3.5亿，支持了了一大批湖南文化企业，取得不不错的效果。然而，从规模数量量和增长幅度上看，湖南文化产业引导资金的投入与发达省份还是存在比较大的差距。因此，一方面要增强资金的投入力度，应根据政府财力的增加逐年加大文化产业专项资金额度。对公益属性的文化行业和文化企业，政府部门要界定特征，加大财政拨款力度，保持项目的公益性和政策的延续性。另一方面要探索多元化的投入方式，同时政府还应加大对文化产业专项引导资金的投入。湖南要尽可能在中央政策的许可范围内最大限度地制定税收优惠减免办法，严格执行中央关于发展文化产业的优惠扶持政策，确保文化企业享受的增值税、所得税、营业税、出口文化产品退税等各种优惠待遇落实到位。改进金融服务机制，积极引导各类在湘金融机构有针对性地制定支持文化产业发展的服务，形成金融与产业的良性互动。

3. 营造文化金融发展的良好氛围

逐步建立文化产业信贷风险分补偿机制，推动贷款贴息、保费补贴等政策制度化、常态化，为文化企业融资提供风险屏障。建立文化产业政策信息共享机制，推动文化产业金融项目库建设。充分发挥文化产业融资担保政策的引导示范和带动作用，引导金融资本投向文化产业。

第三节　湖南文化旅游融合发展研究

文化旅游融合发展通过促进文化本身价值的活化、文化经济价值的活化及文化思维价值的活化，从而为旅游产业的发展提供强大的精神支撑。文化旅游产业是朝阳产业，具有生态性特点，是资源节约、环境友好、生态共享的绿色产业。发展文化旅游既拉动投资，又促进消费，是稳增长、调结构、转方式的重要力量，是推动经济发展的重要动力，不仅能促进生态文明建设，还能带动经济、政治、文化、社会、生态五位一体全面发展。

一、湖南文化旅游融合发展状况

近年来，湖南文化旅游发展成长速度快，影响力大，成为经济社会发展中的新经济增长点。

1. 丰富的资源为文化旅游融合奠定了良好基础

湖南文源深、文脉广、文气足，是文化资源大省，同时，湖南多名山、名水、名城、名人，是旅游资源大省，尤其山水风光秀美奇特，历史文化底蕴深厚，民俗风情多彩多姿，几乎所有的贫困地区都有内容丰富、各具特色的文化旅游资源可供开发利用。一是名山胜水众多。在全省范围内，有登记的旅游区（点）共约 180 家，其中 4A 级以上的旅游区（点）50 多家，国家自然保护区和国家森林公园约 70 个。特别是武陵山片区有张家界、崀山、土司城等 3 处世界自然文化遗产，罗霄山片区有九龙江、东江湖、汝城温泉等优质自然资源，其他贫困地区还有"五岳独秀"的南岳衡山、湖南思想文化坐标之称的云阳山和具有"民族脊梁"之称的雪峰山，有炎帝、舜帝寝息之地的炎陵、九嶷山，还有奔流不息的湘资沅澧"四水"和烟波浩渺的八百里洞庭等等，这些文化旅游资源 90% 都集中在贫困地区。二是人文和历史厚重。在源远流长的湖湘大文化中，被誉为农耕之源、德孝之源、稻作之源、理学之源等文化遗迹景观均在贫困地区。屈原、贾谊、朱熹、曾国藩、左宗棠、黄兴、毛泽东、刘少奇、任弼时等众多中国历史上叱咤风云、影响深远的历史人物，其出生地或行迹之处也均以贫困地区居多。三是民俗风情多姿。省内有汉、土、苗、侗、瑶、白等 56 个民族，各民族特色节庆众多，如土家族的"女儿节"、苗族的"三月三"、瑶族的"盘王节"等。贫困地区的丰富优质人文历史和自然资源，为湖南省开展文化旅游扶贫工作奠定了良好的基础。近年来，湖南省按照精准扶贫的要求，对全省文化旅游资源进行了整体规划，并加大力度全面推进文化旅游扶贫开发工作。

独特的人文地理资源，给湖南发展文化旅游提供了良好的契机。湖南因势借势，打造了 13 条文化生态旅游融合发展精品线路、46 个湖湘风情文化旅游小镇、31 个国家全域旅游示范区、70 个旅游资源重点县、500 个特色旅游村。"芙蓉国里尽朝晖"，"锦绣潇湘，处处美景"，南岳衡山祈福之旅、岳阳楼名楼之旅、韶山红色之旅、张家界自然之旅、凤凰民族之旅、芷江正义之旅等，以 35 个全域旅游示范县为点；以长岳、张崀桂和郴广 3 条旅游走廊为线；以湖南为中心，以张家界为龙头，以"一带（湘江旅游带）四圈（长株潭、环洞庭湖、大湘西、大湘南）"为骨架区域旅游发展布局，点线面全面铺开，湖南文化旅游品牌获得大发展。

2. 日益完善的顶层设计为文化旅游融合发展提供了制度保障

一是出台了文化旅游扶贫工作方案。为推动大湘西地区文化旅游精准脱贫，省发改委、省旅游局、省委宣传部联合编制了《大湘西地区文化生态旅游融合发展精品线路建设总体设计方案》和《大湘西地区文化生态旅游融合发展精品线路建设总体工作方案》；省旅游局、省扶贫办联合印发了《关于实施乡村旅游精准扶贫工程的意见》和《乡村旅游扶贫实施方案》。这一系列文化旅游和精准扶贫工作方案，进一步明确了文化旅游精准扶贫的指导思想、总体要求、目标任务和政策措施。按照"一年打基础、三年有突破、五年见成效"的要求，到 2020 年，全省将实现文化生态旅游精品线路全部建成，实现 51 个贫困县辐射带动全省 1 000 个贫困村脱贫致富。二是形成了联席工作机制。近年来，省委宣传部、省发改委、省旅游局、省扶贫办等相关部门在文化旅游扶贫工作的频繁互动中已初步形成联席会议工作机制。例如，2015 年出台的《大湘西地区文化生态旅游融合发展精品线路建设总体设计方案》明确提出，要建立由省发改委、省旅游局、省委宣传部牵头，共 24 个省直相关部门参与、协同推进的大湘西地区文化生态旅游融合发展精品线路建设协调机制。在建设文化旅游精品线路过程中，按照省统筹、市协调、县实施的原则，公共服务实施、特色景点集群建设以省直各部门支持为主，省直部门结合各自职能，在制定政策、编制规划、分配资金、安排项目时，向精品线路、特色景点集群及特色村镇倾斜。省发改委则会同省财政厅筹措部分资金，对精品线路中的公共服务设施建设和重点旅游产业项目，采取以奖代补、先建后补等形式给予支持。

3. 湖南文化旅游融合发展精确布局，成效显著

（1）湖南文化旅游融合构建"一带四圈"的全域旅游骨架。一带即湘江旅游带。湘江是流经湖南省的最大河流，水系发达，流域面积大，沿河分布着永州市、衡阳市、株洲市、湘潭市、长沙市、岳阳市6个大型城市，还有散布于整个流域的众多中小市镇，它们共同演绎见证了湘江流域社会结构的深刻变迁。旅游作为绿色产业，在湘江规划中发挥着重要作用。在湖南省委省政府把湘江打造成"东方莱茵河"目标引领下，湘江沿线主要城镇陆续开始建设沿江风光带。

（2）着力打造十二个旅游主体功能区与31个"国家全域旅游示范区"。《湖南省旅游业"十三五"发展规划纲要》明确重点推动十二个旅游功能区建设。截至2016年11月，湖南省共有"国家全域旅游示范区"31个，这31个"国家全域旅游示范区"有丰富的旅游资源和坚实的基础，并有国家和地方政府的政策、资金等支持，在全域旅游基地的建设中将起到非常重要的作用。通过国家全域旅游示范区的重点打造，推动旅游业由"景区旅游"向"全域旅游"发展模式转变，树立旅游业战略性支柱产业的形象。

二、湖南文化旅游融合发展存在的主要问题

湖南文化旅游融合发展已经取得了一些成果，但是还存在文化旅游整体形象尚不鲜明，文化旅游产品的市场竞争力、品牌的知名度和影响力需要进一步提升等问题。如何将湖南文化旅游融合发展进一步建立健全机制，将发展推向新的高度，是当前文化旅游融合发展需解决的问题。

1. "文化+"旅游发展理念有待进一步提高

目前仍有一些地方政府抱着硬发展的思维，要么追求不切实际地发展大

工业，要么寄全部希望于招商引资出奇迹，却并没有把立足自身，着眼当下发展文化旅游作为重要措施摆上发展工作日程。一方面是因为认识不到文化旅游产业会带来的巨大经济、社会和文化效益，另一方面则是文化和旅游资源保护规划意识欠缺，任由文化旅游景点散、小、弱地无序开发，未能对文化旅游进行资源整合、长远规划和高标准建设。文化旅游定位一定要有文化个性，创意要鲜明，才能得到市场的认可。然而一些旅游景区，由于不懂"文化＋旅游定位"的重要性，所以对市场调研马马虎虎，简单地做出定位。

2. 文化旅游产品的整体吸引力不强

湖南发展旅游演艺起步早、发展快。湖南长沙的《梦幻之夜·又唱浏阳河》、张家界的《天门狐仙》和《魅力湘西》在全国旅游演艺市场有较大的影响力，湘西州、湘潭、怀化相继推出《烟雨凤凰》《中国出了个毛泽东》《烟雨洪江》，凤凰推出的森林实景演出《边城》，郴州推出的《飞天苏仙》都有不错的成绩。湖南旅游演艺整体上形成了长沙《芙蓉国里》，湘潭《中国出了个毛泽东》，郴州《飞天苏仙》，张家界《魅力湘西》《天门狐仙》，凤凰《烟雨凤凰》，怀化《烟雨洪江》等影响力较大的旅游演艺的整体空间布局。然而，同时也存在文化旅游演艺产品一哄而上，演出内容趋同，质量良莠不齐的现象。在张家界旅游演艺发展的鼎盛时期，8台演艺节目中有6台演艺节目集中在核心景区武陵源。一方面，旅游演艺节目的主题趋同，存在单一、雷同的现象，均取材于湘西民族文化，展示湘西土家族和苗族民族的风物人文，总体构思、节目创意、编导手法、制作手段上大同小异。为了生存和发展，各企业展开了激烈竞争，甚至采取了恶意削价竞争等手段来争夺客源，市场竞争无序。旅游演艺企业大多还停留在传统的销售渠道组织上，大多采取与旅行社分票房，给导游返点的方式争取游客。而新兴的网络销售渠道和新媒体渠道的应用还远远不够充分。

3. 文化旅游投入渠道不够完善

近年来，文化旅游发展得到了国家财政尤其是省级财政的大力支持，湖南投入了大量资金推动地区发展文化旅游产业，投资 20 亿元建设的大湘西地区文化生态旅游融合发展精品线路就是最好的例证。此外，湖南文化产业和文化事业专项资金每年有逾 3 亿元，文化基础设施建设经费也有数千万元至数亿元不等，旅游项目建设资金更是达数以千万亿计。但在经济发展较为落后的地区，因为文化旅游扶贫项目投入较大、见效较慢，融资不仅难，而且成本较高，金融资金和社会资金鲜有参与，政府的资金支持成为文化旅游产业扶贫的主要经费来源，文化旅游发展所急需的资金投入严重不足，在很大程度上限制了文化旅游产业的发展。

4. 文化旅游资源转化能力较差

文化旅游是实现经济繁荣发展的重要着力点之一。但目前文化旅游资源的挖掘有待深入，缺乏对自身发展的准确定位。例如，湘西形成了以土家族、苗族等少数民族文化为特色，以非物质文化遗产、民族民俗风情、少数民族特色村寨等为主体的文化旅游集聚地，娄底形成了以特色民间书画、独特梅山文化、湘中历史名人等资源为依托的文化旅游集聚地。这些地方的文化旅游资源禀赋较高，但资源的产业化开发水平较低、转化能力较差，文化旅游发展仍处于初级阶段。有效盘活文化旅游资源、助推文化旅游融合依然任重道远。此外，文化旅游融合发展中也存在重自然资源轻文化资源的情况。说到发展文化旅游，首先想到的是从自然资源中找发展机会，粗制滥造一些大众化景点、同质化旅游产品，却忽略了对民间手工技艺、红色革命文化、民族民俗传承等独特文化资源的开发利用。

三、文化旅游产业融合发展的推进路径

1. 构建龙头性的文化旅游企业

湖南应该充分挖掘利用其中最具特色的资源，选准城市主题文化的切入点，通过地方化促进国际化，让湖南真正成为世界旅游区。旅游业是一项精

品工程，需要有大项目作支撑。为此，湖南应当坚持把文化旅游项目精品作为拉动旅游业发展的第一动力，以新上大项目促进文化旅游业大发展。必须通过优质文化和旅游景点相组合的方式，精编品牌特色旅游线路，加快湖南境内考古遗址公园（如城投山、铜关窑）的开发建设，打造成世界级的人文景观。充分挖掘、利用马王堆古汉墓资源，打响马王堆品牌。

2. 挖掘城市主题文化，引领文化旅游突破发展

发展大旅游必须大投入，大旅游必须大宣传。全国旅游业发达的城市每年的旅游宣传营销经费都在几千万元以上，目前全国有近 20 个城市竞相在中央一台"朝闻天下"、"午间新闻"、"新闻联播"栏目打旅游广告，效果显著。湖南应进一步加大对旅游产业的投入与宣传，以"芙蓉国里尽朝晖"为主题，重点在中央电视台、湖南卫视和境外强势媒体单独推出湖南文化旅游城市形象宣传广告，全力树立湖南"锦绣潇湘"的城市形象，让"锦绣潇湘"的湖南誉满中华、名扬天下。每年推出系列旅游节会活动，尤其要策划举办国际旅游文化节会活动，如策划举办湖南国际娱乐旅游节、世界娱乐名城大会等，做到"月月有活动，季季有高潮，天天都精彩"，为广大游客和市民打造一个名副其实的"快乐之都"。一个没有文化特色的城市是缺乏活力和吸引力的城市，打造世界旅游目的地更是如此。围绕文化体验式旅游，湖南必须设计出轻松、刺激、新颖，人与自然融为一体的体验性强的文化旅游产品，形成品牌，充分挖掘湖南文化底蕴，大力开发具有湖南特色的旅游产品。

3. 强化工作措施，推进文化旅游融合建设

体制问题是做大湖南文化旅游品牌建设的瓶颈。文化旅游资源的开发利用涉及文物、园林、宗教、旅游等多个部门，既有权力交叉，也有管理漏洞，部门之间的利益矛盾难以协调。必须把体制机制改革放在更加突出的位置，以所有权、管理权和经营权分离为突破口，积极探索文化旅游资源一体化管理，以实现文化旅游的统一规划和开发管理。一是设立湖南文化旅游管理机构。加强对湖南文化旅游品牌发展的战略研究，推动文化旅游品牌发展规划

的实施。二是建立文化旅游目标管理考核责任制。建立一系列科学的考核评价体系，对促进业发展贡献突出、成效显著的市州县政府、涉旅文化企业及先进个人，要给予税收优惠，评定星级等措施予以奖励。

4. 充分展现文化资源

文化具有地域性、民族性、时代性和继承性的特点，由于地理空间和信息滞后的缘故，地区的特色文化尤其是民俗文化往往鲜为外界所知。发展文化旅游能最大限度地促进地域文化的挖掘和开发，使"养在深闺人未识"的文化资源进入大众视野。发展文化旅游能获得文化的经济价值。文化与旅游开发的过程很大程度上是文化产业化的过程，通过"文化为魂、旅游搭台、经济唱戏"的演绎，静态的文化资源可以源源不断地转化为文化旅游产品，游客对当地文化旅游产品的消费将使贫困地区获得实实在在的经济效益。发展文化旅游能转换思维观念。在文化资源富集的地区，文化大多都具有封闭性和保守性的特点，旅游产业是开放度最高的产业，发展旅游可以带来频繁而广泛的信息和思想交流，在这一过程中，人们将加强对文化的保护与开发、文化的传承与创意的认识和思考。

四、关于湖南文化旅游融合发展的对策

1. 抓规划

省内各级各部门要统一思想，提高认识，将文化旅游工作有机地融入党委政府经济工作大局中，并根据省第十一届党代会精神以及《关于贯彻落实〈中共中央国务院关于打赢脱贫攻坚战的决定〉的实施意见》《湖南省"十三五"时期文化改革发展规划纲要》《湖南省旅游业"十三五"发展规划纲要》《关于实施乡村旅游精准扶贫工程的意见》等文件精神，结合实际，编制出台文化旅游发展中长期规划，作为今后一段时期统筹推进文化旅游融合发展的基本遵循。在规划的实施过程中，要整合各方力量，形成合力，统筹解决文

化旅游融合发展中的难点问题。

2. 抓项目

当前文化旅游发展已经进入大企业、大资本、大项目推动发展阶段，文化旅游优质项目建设刻不容缓。突破传统产业限制，探索文化旅游与地产、养老、农业、体育等多种业态的有机融合，建设一批复合型文化旅游项目，多渠道增加贫困地区收入。

3. 抓特色

当前，从全国乃至全世界范围来看，文化旅游产业的发展面临村村点火、户户冒烟的格局，文化旅游要秉持"人无我有，人有我强，人强我特"的发展思路，深入挖掘当地文化旅游资源中最为独特的因素，避免低水平建设和同质化竞争。政府部门要引导按照现代旅游消费特点、现代文化消费趋势，发展个性化、特色化、差异化的文化旅游业态，打造一批资源品位高、品牌形象优、核心吸引力强的文化旅游精品，力争推出系列古城古村古镇、民族民间歌谣、曲艺戏曲、工艺制作、特色饮食与服饰等带"湘"字号旅游文化产品，增强文化旅游的扶贫带动力。

4. 抓扶持

加大对人才的培训力度，提高从业人员的基本素养和业务能力。要全面强化公共管理环境，特别是强化文化旅游市场管理，形成公平诚信的经营环境。要强力推进进出景区的交通基础设施建设和景区之间的高等级旅游公路建设，大力实施景区提质扩容工程和周边环境整治工程，加快启动主要景区"游客服务中心"等信息化项目建设，不断完善景区周边吃、住、游、购、娱等配套设施的功能和接待能力。强化互联网对文化旅游质量的提升，通过互联网，借助便携移动终端设备的发展，加大对移动客户端APP、微信、微博等互联网信息平台的开发力度。重点支持以湖湘文化旅游体验、红色旅游、湖南非物质文化遗产为主要内容的湖湘文化智慧旅游平台建设和涵盖旅游知识、旅游服务、地图服务、地图文化的旅游地图主题网站建设。

5. 抓品牌

加大对武广高铁、沪昆高铁、平汝高速等交通沿线文化旅游景点的开发力度，着力建设好若干条精品旅游线路和景点集群，建设好伟人故里韶山、瓷都醴陵、湘中宝地新化、神秘花瑶地隆回、和平之城芷江等旅游目的地。继续抓好大湘西文化旅游融合发展，高标准建设好 12 条大湘西文化旅游精品线路，努力打造具有广泛影响力的"神秘大湘西"文化旅游品牌。着力抓好以红色文化、生态文化为依托的大湘东文化旅游产业带建设，通过主题宣传、主题活动、主题节会等，唱响大湘东文化旅游品牌主旋律。借助高铁开通的机遇，补齐县域文化旅游产业发展不足的"短板"，加强文化旅游特色县建设，通过专项扶持、项目安排等，支持凤凰、新化、新宁、永定、炎陵、通道等建设成文化旅游特色强县。

第六章　湖南打造国家文化创意产业基地研究

湖南第十一次党代会明确提出大力实施"创新引领、开放崛起"战略，着力打造湖南科技文化创新体系和以影视出版为重点的文化创意基地建设。

第一节　湖南文化创意产业基地建设背景

文化创意产业是各地新旧动能转换的突破口，依托文化创意产业基地建设带动文化创意产业的规模化、集约化和专业化发展，已成为经济转型升级的发展目标和调整方向。从全球范围看，世界多极化、经济全球化深入发展，文化多样化、社会信息化持续推进，国际格局和国际秩序加速调整演变。全世界许多国家抓紧调整各自的发展战略，推动变革创新，转变经济发展方式，调整经济结构，开拓新的发展空间。党的十九大提出健全现代文化产业体系和市场体系，湖南文化创意产业由"高速增长阶段"转向"高质量发展阶段"，文化产业基地建设对于推进文化产业园区跨界融合、人才集聚、产业孵化发挥了重要作用。

一、国内外文化创意产业基地建设的发展趋势

1. 科技文化创新成为支撑文化创意产业基地建设的强大引擎

跨入21世纪20年代以来,科技文化的融合创新从供给侧和需求侧两端发力,成为提升文化竞争力的强大引擎。它的带动作用集中体现在两个方面:第一,从供给侧发力,研发出大量的科技文化新业态、新装备、新模式,特别是以移动互联网、云计算、大数据、物联网为显著特征的ICT潮流,重塑了文化创意产业的总体面貌,推动了虚拟现实、数字影视、数字出版、数字教育、数字音乐等新兴业态快速增长;第二,从需求侧发力,尤其是移动互联网帮助全世界越来越多的人们分享文化创意产品和服务,催生出一个不断壮大的新型文化消费市场。诚如联合国贸发会议创意经济协调官员卡罗琳娜指出的那样:"内容"和"连通"规模的结合成为国际竞争力的基础,技术、创新和创意的融合将成为发展的关键驱动力,而发展中经济体的大量人口进入创意经济消费市场,成为引人注目的潮流。[①]

2. 国内外文化创意产业及集聚区发展模式

曼彻斯特媒体城(Media City UK)。位于曼彻斯特西部的萨尔福德和特拉福德之间的轮船运河边,占地1 200余亩(1亩=666.7m²)。这里曾是一片荒废的码头船坞区,在短短的几年里焕然一新,成为欧洲第一个专门以媒体为核心的聚集区。旨在创造一个全球首屈一指的"数字媒体中心",愿景是超过美国的文化中心洛杉矶。目前,BBC、ITV等英国主流媒体机构和索尔福德大学已经入驻。围绕在它们身边的卫星公司渐渐聚拢,媒体城的生态也被带动起来。这些聚集的公司多为传媒业的上中下游企业,除了规模限制外,还

---

① 花建. 互联互通的文化创意产业新业态 [M]. 北京:东方出版社,2016年第一版。

必须是从事数字传播或媒体创业。这些小公司往往与 BBC 等大公司有业务来往，参与内容制作环节，分享成本极高的硬件设备。园区设施：包括共享办公空间、媒体制作设施、BBC 摄影棚、独立的演播中心、酒店、索尔福德大学新媒体部、全站式能源中心、零售及餐饮设施、多层停车场。功能分区：公共区包含一个大媒体广场、地铁终点站以及一个公园。孵化区包含 The Landing，由欧盟赞助，专门针对从事数字或媒体产业中小企业。共享区包含 The Studios，这是英国最大的独立制作中心，这些设备齐全的工作室可以独立运营，向制作方提供场地租赁。

韩国首尔数字媒体城（DMC）。建于上岩地区，总建面 56 万 m^2，这里曾经是一个巨型垃圾填埋场，现已成为集广播、游戏、电影、动漫、音乐研发、生产、销售和教育培训等于一体的场所，代表未来发展方向的产学研完美结合的数字园区，创造出了一个"信息技术与文化相遇"的概念。

上海特色文化创意产业集聚区。上海西岸正在成为沪上高品质文化、商业和体育活动的聚集区。在推进商旅文联动发展中，以衡山路—复兴路历史文化街区、徐家汇商圈、"徐家汇源"4A 级景区、"上海梦中心"为重点区域，完善音乐、话剧、戏剧、演艺经纪等业态布局，开发文化旅游精品线路，形成海派文化的集中展示和生活体验区。着力加强文化与创意设计、现代时尚融合，支持传统商业改造升级，促进工艺品、服装、家居等消费品文化内涵的提升，打造特色商业街、艺术集市和电子商务平台，形成都市文化体验性消费区。

3. 文化创意产业基地建设正在全面转型升级以培育新兴产业集群

从现代产业竞争的意义上说，文化创意基地和园区以集聚推动创新、共享降低成本、叠加提升品牌、服务提升地租的特色，成为科技文化创新体系建设的重要载体，它本身也需要向智能型、综合型的方向不断升级。根据世界科技园协会（STPs）所做的统计分析，2006—2016 年的十年间，该协会在全球的成员园区包括科技型的文化创意产业集聚区，显现出如下重要趋势：（1）集聚区向大型化发展，在这十年间，面积超过 $1km^2$ 的大型园区所占比重从 20% 上升到了 25.2%；（2）集聚区的研究开发与孵化器功能不断增强，集聚区中建设产业孵化器的比重从 82.3% 上升到 91.6%，建设研发机构的比重从 78.5% 上升到 80.7%；（3）产城融合、以人为本的趋势越来越突出，集聚区中提供住宅服务的比例从 12.4% 提升到 21.8%，上升近 1 倍；集聚区中能够提供休闲和社会服务的比重从 34.3% 上升到 59.7%，为创业者提供了周到的人性化服务。从全球范围看，文化创意基地和园区正在超越工业园区的传统模式，向知识经济时代的更高阶段升级。

4. 中西部地区加快文化创意产业基地和集聚区建设

四川、安徽、陕西等中西部省市也通过对文化创意基地和集聚区的建设，加快新兴产业集群的建设。2014 年四川省出台了《四川省深化文化体制改革方案》《四川省人民政府关于加快发展对外文化贸易的指导意见》《推进文化创意和设计服务与相关产业融合发展专项行动计划（2014—2020 年）》等重要文件，强调"统筹协调、重点突破、市场主导、创新驱动、文化传承、科技支撑"的原则。四川根据全境丰富多样的产业、交通、历史、地理、民族、物产等的特点，突出了统筹协调、因地制宜的要求，实施"融合发展集聚区建设工程"，2015 年四川文化产业增加值超过 1 200 亿元。[①] 在空间布局上，四川的文化创意基地以成都为核心，遍及绵阳、内江、宜宾、九寨沟等市州，建立了东郊记忆（原军工厂）、红星路 35 号、蓝顶艺术区、浓园国际艺术村、九寨沟演艺群、绵阳 126 文化创意园、彭州家纺创意设计园区等一批重点文创产业基地。比如 2015 年四川省音乐产业达到 350 亿元产值，成都东郊记忆的中国移动音乐产业基地，体现了移动互联网与音乐产业的结合。四川创意设计产业突出了与先进制造业的结合，涵盖了工业设计、美食创意、时尚设计、民间工艺设计等，从 2014 年以来，每年举办的"成都创意设计周"成为四川创意设计的一大亮点。成都已经汇聚了 130 多家工业设计公司、40 多家工业设计中心，以成都为核心的文创设计业主营收入超过千亿元，增加值达到 240

---

① 四川文化产业去年增加值超 1 200 亿 [N]. 成都晚报，2016 年 3 月 10 日.

亿元，促进了成都全面迈向城乡一体化、全面现代化、充分国际化的世界生态田园城市。①

二、湖南打造国家文化创意产业基地的现实基础与瓶颈制约

加快文化创意基地和集聚区的建设成为各地发展的趋势，湖南文化创意产业基地高质量建设发展有良好的现实基础，也存在一定的瓶颈制约。

1. 现实基础

（1）文化创意产业总量稳步增长，形成规模优势

在中国文化产业的宏观版图中，湖南文化创意产业具有鲜明的特色和旺盛的活力。在经济下行压力增大的背景下，湖南文化创意产业逆势上扬，连续进入全国文化创意产业发展十强，加快打造湖南文化创意产业发展"升级版"，提高湖南省全面建成小康社会的文化内涵和文化品质。

湖南文化创意产业创造了"广电湘军""出版湘军"等全国知名的产业集群和文化品牌。据初步核算，2016年全省文化创意产业实现增加值1 911.26亿元，同比增长12%，占GDP比重达6.12%，其支柱产业地位得到持续巩固。引领全省经济增长，按现行价格计算，2013—2016年文化和创意产业增加值年均增长12.9%，高出同期经济名义增长速度3.9个百分点。文化和创意产业增加值占GDP比重持续提升，2016年占比达6.1%，比2012年提高了0.8个百分点（见图6-1）。

---

① 成都市人民政府、国家文化市场调查评估中心：《成都创意设计周品牌价值评估报告》。

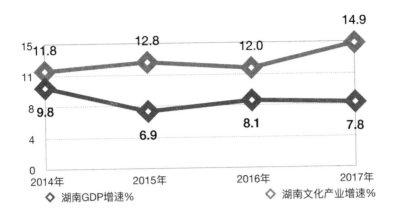

图 6-1　湖南省文化和创意产业增加值与 GDP 增速比较

尽管近几年湖南文化创意产业增速有所放缓，从超高速档位向高速档位调整，但稳中有进、总体向好、结构优化、势头强劲。全省文化创意产业主体不断壮大，根据第三次全国经济普查结果，湖南共有各类文化市场主体7.53万户，其中文化产业法人单位近4万家，规模以上文化产业法人单位2 325家。全省文化创意产业的增长率连续多年保持了两位数的增长，从主要指标来看，高于全省其他产业的平均水平，对经济社会发展贡献持续稳定，成为全省国民经济的支柱产业、千亿产业和战略性新兴产业。

在湖南省文化创意产业发展的市场主体中，国有文化企业（集团）发挥了骨干和领军作用。省管8家国有文化企业（集团）坚持把社会效益放在首位，做到经济效益和社会效益两手抓、两不误，2016年实现营业收入414.25亿元，利润总额约40.86亿元，继续保持全面盈利。湖南广播影视集团实现营业收入182亿元，同比增长6%，实现利润总额13.4亿元，其中湖南卫视单频道完成广告创收100亿元。湖南出版投资控股集团完成汇总营业收入208.78亿元，实现利润19.17亿元，同比分别增长9.9%、2.8%。湖南广电网络控股集团实现营业收入85.6亿元、利润总额6.75亿元，同比分别增长43.02%、10.47%。

湖南省的文化产业整体实力，为进一步推进科技文化创新体系和文化创意基地建设打下了良好的基础。

（2）文化创意基地加快建设，成为激发新型生产力的有效载体

湖南高度重视文化创意基地、文化产业园区和集聚区等的建设，将其作为壮大文化市场主体，鼓励文化企业做大做实做强的重要载体。省文化改革发展领导小组通过出台《湖南省文化产业示范基地和园区管理办法》等政策文件，引导和促进全省文化产业持续健康快速发展，增强全省文化产业综合实力和核心竞争力。截至 2016 年年末，全省共有集聚类文化创意产业园区 58 个，其中，国家级园区基地 4 个，即长沙天心文化产业园（示范园区）、国家动漫游戏产业振兴基地、中南国家数字出版基地、长沙天心国家广告创意产业园。省级园区 15 个，市级园区 41 个，获得"国家文化产业示范基地"称号的文化企业 11 家。在全省范围内，文化产业集聚示范和辐射带动作用不断增强，规模化、集约化、专业化发展水平稳步提升。

这些文化创意基地和园区按照性质划分为：产业型（产业集群发展比较成熟，产业链相对完整）15 个；混合型（依托科技园区，结合园区优势产业同步发展文化产业，但园区内并未形成文化产业链条）13 个；艺术型（创作型园区，原创能力强，但艺术产业化程度还较弱）4 个；休闲娱乐型 16 个；地方特色型 10 个。其中，长沙天心文化产业园作为含金量最高的国家级文化产业示范园区，2016 年共有入园文化企业 800 多家，实现文化产业产值约 170 亿，增加值约 60 亿元，对天心区 GDP 贡献约 8%，体现了对全国文化产业园区建设的示范引领作用。

（3）文化创意基地布局集聚作用不断增强，特色较为鲜明

湖南省发展文化创意基地和文化产业园区兼顾了长株潭城市群和环洞庭湖地区、大湘西地区、大湘南地区等全省的大格局，注重扶持中心大城市、中心城市和广大乡镇的不同特色园区，在全省 58 个文化产业园区中，属于地方特色型的就有 10 个，包括湘台文化创意产业园（铜官窑）、湖南湘绣城（湘绣）、醴陵瓷谷文化产业园（陶瓷）、浏阳市花炮文化产业园（烟花）、湘西非物质文化遗产园等，占比约为 17%。而在全省 27 家主要文化产业园区中，有 13 家集中在省城长沙市，有 14 家分别分布在株洲、湘潭、衡阳、益

阳、常德、岳阳、邵阳、怀化、张家界、郴州、湘西土家广告、苗族自治州等 11 个市州。长沙天心文化产业园、长沙国家广告产业园、湘台文化创意产业园、湖南（昭山）文化创意产业园、湖南（益阳）工艺美术创意设计园、中部移动互联网梦工厂等一批国家级、省级重点文化产业园区发挥了重要的骨干和示范作用，全省文创产业的集聚作用和规模化优势不断增强，集聚区的规模化和专业化发展水平稳步提升。目前，各市州拥有文化产业园区建设重点项目 80 多个，其中投资上亿元的项目 30 多个，中长期投资总额超 500 亿元。

2. 瓶颈制约

（1）产业发展结构失衡

湖南省强势文化企业有省属、市属之分，分属不同部门管辖，条块分割下的"各自为政"，产业集聚效应不明显。"孤岛效应"比较突出，强势品牌的价值链条无法有效传导，企业彼此间聚集突破、互生共赢的良性格局无法形成。从全省文化创意产业的分布来看，2016 年长株潭地区、大湘南地区、大湘西地区、环洞庭湖地区文化产业增加值占全省的比重分别为 56.27%、15.13%、11.05% 和 17.56%。尤其是省会长沙市文化创意产业增加值遥遥领先于其他地区，达 811 亿元，占全省总量的 42.4%，总体呈现出省会城市独大、其他地区偏弱的特点。从文化产业的内部结构上看，2016 年湖南文化制造业、批发零售业和服务业占全部文化产业增加值的比重分别为 59.5%、6.8% 和 33.7%，而全国的比重分别为 40.6%、9.3% 和 50.1%。湖南文化产业制造业的比重超过全国平均水平 18.9%。且劳动力密集型和初级资源密集型所占比重比较大，比如鞭炮烟花产品占全部文化制造业比重达到 40.4%。

（2）科技文化创新研发投入比重较低

推动科技文化创新体系建设，需要获得资本的驱动力，因而发达国家和地区都加大了研究开发投入，并且把研究开发投入占 GDP 的比重作为提升国家和地区创新环境的一个重要指标。湖南省 2015 年用于研究与试验发展经费支出412.7亿元，相当于全省生产总值的1.43% 。这一比例明显低于全国平均水平（2015年全国研究与试验发展经费支出平均水平为2.07%），而且在中部地区也仅占第4位（同属于中部地区的陕西省393.2亿元，占比2.18%；安徽省431.8亿元，占比1.96%；湖北省561.7亿元，占比1.90%）。全国研究开发投入总额超过千亿元的省（市）有5个，分别为江苏、广东、山东、北京和浙江。研究与试验发展经费支出比重超过全国平均水平的省（市）有8个，分别为北京、上海、天津、江苏、广东、浙江、山东和陕西。湖南不在其中。这在一定程度上制约了湖南科技文化创新体系与文化创意基地建设（见图6-2）。

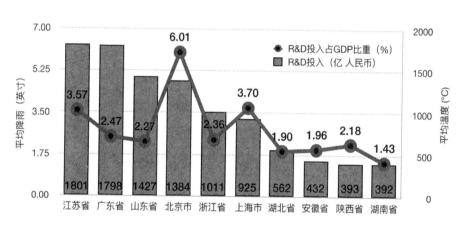

图6-2　2015年全国有关省市研究与试验发展（R&D）经费投入及占GDP比重

（3）新兴业态发展与新旧动能转换亟待破题

湖南省文化创意产业领域传统业态占比较大，集中于影视传媒、新闻出版、演艺娱乐、动漫游戏等相关业态，诸如数字创意、网络视听、移动互联网、文化智能制造、文化信息服务等新兴业态发展相对滞后且未成规模气候，特色不够鲜明，核心竞争力不强，亟须开启文化创意产业新旧动能转化、新兴业态培育发展的新航程。

（4）基地规模建设有待提升

国家级的产业园区仅长沙天心文化产业示范园和长沙（国家）广告产业园两家。2012年，省文化改革发展领导小组办公室为推进全省文化产业发展，命名了一批省级文化产业园区，但也是"矮子里面拔将军"，主要着眼于引导和培育。现有文化产业园区也大多产值不大、利润不高，58家园区中，文化企业净利润合计过亿的仅15家，入园文化企业超过100个的园区仅7家，且大多在行业内不具备领军优势，有的园区内规模以上企业很少，全靠小微文化企业撑台面、唱主角，没有龙头企业的"带头大哥"作用，园区集聚效应无法彰显。

第二节　湖南打造国家文化创意基地建设的发展路径

湖南文化创意产业基地建设紧扣文化品牌战略主线，以创新驱动为引领，以深化改革为动力，以健全市场体系为方向，以实施重大项目为带动，以培育龙头企业为重点，以提升产业竞争力为目标，以推进湖湘优秀传统文化创造性转化为着力点，坚持内容为王，推动跨界融合，升级传统产业，培育新型业态，促进文化消费，扩大文化贸易，通过"东进""南下"拓展路径，加快融入国家"一带一路"倡议，构建结构合理、布局优化、重点突出，具有湖湘文化特色的创新体系，打造以影视出版为重点的国家文化创意基地，推进文化创意产业高质量发展，促进文化大发展大繁荣，为建设富饶美丽幸福新湖南贡献文化力量。

一、湖南文化创意产业基地建设的路径选择

着力打造湖南文化发展升级版，持续推进文化强省建设，基本建成空间布局合理、产业结构优化、优势特色鲜明、规模效益并重、创新活力旺盛的湖南文化创新体系和文化创意基地体系，文化和创意产业总产出力争突破

10000亿元，文化和创意产业增加值占 GDP 的比重超过 7%，综合实力和主要指标继续保持全国第一方阵，成为"一带一路"文化创新研发体系和文化创意基地建设的先进示范区、中西部文化金融合作示范区、全国文化创新体系引领区。

1. 建设优势文化创意产业规模集群

培育具有新技术、新模式、新业态的文化企业集群，建设 7~8 个湖湘特色鲜明、创新能力强劲的湖南特色文化产业集群；新培育文化龙头企业和领军企业 30 家、骨干企业 100 家；文化类上市公司数量达到 20 家左右，规模以上文化产业法人单位突破 5 000 家；打造一批具有国际影响力的湖南文化产业品牌。

2. 建设优良文化创意基地和园区集群

建设集约化、专业化、规模化的全省文化创意产业基地和园区体系，推动各类文化创意基地和园区向带动有力、辐射强劲、结构优化、布局均衡的方向快速发展。努力打造 15 家以上国家级文化产业园区和基地；数字出版、文化智能制造、网络视听、动漫游戏、影视制作、创意设计等新兴业态的产值占比超过 60%；净利润过亿的文化企业超过 20 家。

3. 建设先进文化创意产业研发体系

加强文化领域重大科技创新，突破一批满足文化发展需要的共性技术和关键技术，打造系列文化科技融合创新示范工程，实现若干关键文化产品和文化科技装备的升级和国产化。以顶层设计、工作机制为核心，从关键技术、示范工程、基地建设、创新要素支撑体系出发，逐渐形成"点、线、面、体"的文化创意产业研发体系，打造一批具有科技含量的动漫游戏、网络视听、创意设计、影视制作、文化智能制造、文化艺术、数字服务等领域的主导文化品牌。

4. 建设新兴文化创意产业业态

改造传统文化产业，发展数字创意产业，催生新兴产业业态，提质升级广电湘军、出版湘军、动漫湘军、演艺湘军四大优势产业。重点开发先进科技与文创产业相融合的新型视听类、IP 和信息类、智能制造类、新型会展类、娱乐旅游类等六大新形态。促进文化产业与文化事业、文化产业不同门类、文化产业与相关产业的深度融合，着力推进特色文化小镇、工业旅游示范区、文化旅游示范区等融合发展，建设科技文化融合与相关产业联动发展的新兴业态。

根据国家关于文化强国战略、科技创新战略、"一带一路"倡议、长江经济带战略等的部署，湖南省要突出创新型科技文化高地的定位，它包括三大内涵：成为吸引科技文化资源集聚的大平台。进一步优化湖南科技文化的创新生态，吸引海内外的人才、技术、资金、项目等向湖南的科技文化重点领域集聚，形成创新资源的富集之地；成为推动科技文化研发和产业化的大引擎。培育一大批特色、新型的科技文化产业集群和文化创意基地，不断推出前沿性、引领性、关键性的重大科技文化研究开发成果，建设多层次的孵化器、加速器、服务平台等，使湖南科技文化成果转化率和产业化率走在全国前列；成为开展对外文化贸易和投资的大枢纽。形成立足中部，带动周边，辐射世界的战略优势，以强大的综合实力参与国际竞争，以包容的博大胸怀打造人类命运共同体，打造成为"一带一路"科技文化创新研发体系与文化创新基地建设的先进示范区。

立足湖南文化创意产业资源禀赋与自身特色，坚持以"文化＋科技"为方向，以影视出版业为重点，以文创园区为平台，以视频研创为核心，以开放创新为动力，推进文创产业与科技、金融、旅游等相关产业融合发展，衍生打造文化创意全产业链集群。

二、湖南打造国家文化创意基地建设的空间布局

按照产业集聚、功能分区、错位协同、均衡发展的总原则，构建以国家级文化产业园区（基地）为龙头，省级文化产业示范园区（基地）为支撑，市县级特色文化产业园区（基地）为依托的全省文化创意基地体系。重点建设四大集聚区：

1. 建设以长株潭为引领的文化与科技融合发展集聚区

以"新技术、新平台、新体系、新模式、新业态"为战略导向，重点布局"互联网＋"、新媒体、虚拟现实、影视节目、数字出版、动漫游戏、广告会展、演艺娱乐、文化信息、创意设计等产业，将长株潭地区建设成为区域性文化创意中心、东亚文化之都和世界媒体艺术之都。

2. 建设以大湘西为依托的文化旅游融合发展示范区

湘西土家族、苗族自治州、怀化市、张家界市、邵阳市、娄底市突出文化生态旅游、影视艺术创作、体育休闲旅游、传统手工技艺、民族民俗文化创意设计等特色领域。

3. 建设以大湘南为重点的文化制造出口加工集聚区

郴州市、衡阳市、永州市依托国家承接产业转移示范区，大力发展宝石、银饰特色文化产品生产、加工和出口。加快推动文化产业与装备制造业、出口加工、对外贸易、现代服务业等相关领域融合发展。

4. 建设以环洞庭湖为支撑的生态休闲文化产业发展试验区

岳阳市、常德市、益阳市等突出生态文化、休闲文化、创意文化，打造生态建设与文化创意产业融合开发的样板。

三、湖南打造国家文化创意基地建设的主要业态思考

根据各区域的资源禀赋、特色产业和发展定位，加快业态创新，选准、调优各基地（园区）主导产业，形成新动能。

1. 做强以优势产业为主导的文化创意基地

围绕湖南省具有一定基础和特色的影视传媒、新闻出版、动漫游戏、演艺娱乐等四大优势领域，依托湖南广电、湖南出版的品牌影响力，引进一批国内外知名企业和创意团队，打造以影视、出版、动漫、演艺为主要内容的集聚区。

2. 做精以传统文化为主导的文化创意基地

依托各地独特的历史文化、民族文化等资源，加快创造性转化与创新性发展，大力发展非遗文创园区、大文化遗址园区、历史街区、特色文化街区（村镇）等，将资源优势转变成产业优势。

3. 做大以新兴业态为主导的文化创意基地

推动先进科技与文创产业相融合，重点开发新一代超高清电视和电影、数字音乐、网络广播、互联网内容服务、智慧教育、数字出版、数字化演艺、数字化主题公园、VR＋文娱产业等领域，培育具有新技术、新模式、新业态的科技文化企业集聚区。

第三节　湖南打造国家文化创意基地建设的实现路径

一、湖南打造国家文化创意基地建设的发展重点

文化创意产业须高标准建设，不断推进园区（基地）提质升级发展。加快从以企业集聚、扩大规模、注重产能、产业组合为主要特征的文化创意基地1.0版，迈进以打造平台、快速成长、注重科技成果产业化效益提升为主要特征的文化创意基地2.0版；再努力实现以跨界融合、人才集聚、鼓励创业、虚实结合、创意社区、完善产业孵化器、研发中心、服务平台、生活配套项目等为主要特征的文化创意基地3.0版。

1. 创新源——先进的科技文化技术研发中心

突破一批满足文化发展需要的共性技术和关键技术，依托高等院校、科研单位、重点实验室、企业研发中心等多方面力量，在超高清电视、虚拟现实技术与文娱的产业化开发、下一代广播电视有线无线融合网、大数据开发与云计算应用、深度学习与人工智能、现代智能化设计、文化智能制造、数字化公共文化服务等领域开展技术攻关，打造系列能够体现富饶美丽幸福新湖南的文化科技融合创新示范工程，实现若干关键文化产品和文化科技装备的升级和国产化。

2. 强主体——优势的科技文化企业规模集群

培育具有新技术、新模式、新业态的科技文化企业集群，在湖南省已有的一批龙头企业，包括湖南广播影视集团、湖南出版投资控股集团、湖南广电网络控股集团、湖南日报报业集团等企业的基础上，进一步培育和壮大多元化主体，从全球范围内配置技术、人才、资金、知识等资源，五年内在全

省新培育认定高新技术企业 300 家以上，打造 10 大创新能力强、引领作用突出、团队效应明显、处于国际领先地位的创新团队。要新培育科技文化龙头企业和领军企业 30 家、骨干企业 100 家、科技文化类上市公司数量扩大到 20 家以上、规模以上文化产业法人单位突破 3 000 家。要进一步加强科技文化主体的多元化建设，形成国资、民营、合资三大类市场主体各显所长，让发展活力充分涌动的新局面。

3. 新业态——新兴的科技文化业态和商业模式

重点开发先进科技与文创产业相融合的新型视听类、IP 和信息类、智能制造类、新型会展类、娱乐旅游类等六大新形态。湖南省研究与试验发展经费支出的投入比重要达到和超过全国的平均水平，进入中部地区最前列，尽快形成 6 个以上在全国领先、具有自主知识产权和核心竞争力的新业态集群，积极培育创客空间和培育中小微企业，在全省打造 20 家以上进入国家科技部名录的众创空间。与此同时，根据全省各个市州的不同条件，与建设特色小镇、工业旅游示范区、文化旅游示范区等相结合，建设科技文化融合与相关产业联动发展的新兴业态。

4. 优基地——优良的文化创意基地（园区）

建设集约化、专业化、规模化的全省文化创意产业基地和园区体系，推动各类文化创意产业基地和园区向带动有力、辐射强劲、结构优化、布局均衡的方向快速发展。努力打造 15 家以上国家级文化产业园区和基地；数字出版、文化智能制造、网络视听、动漫游戏、影视制作、创意设计等新兴业态的产值占比超过 60%；净利润过亿的文化企业数量超过 20 家。加大对基地内产业孵化器、研发中心、服务平台、生活配套项目等重点设施的建设，推动它们向科技型、专业化、智慧型方向发展，同时加大对各级科技文化产业基地和园区的扶持力度。

5. 惠民生——全域的科技文化惠民服务网络

建成数字化、网络化、智能化的公共文化服务体系，结合全省公共文化体系提升工程、"十三五"市级三馆建设等重点项目，完成覆盖主要城市和县域的下一代广播电视有线无线融合网建设，推进广播电视"户户通"和公共区域 WiFi 覆盖，完成省、市两级图书馆和主要博物馆的数字化建设，结合新型城镇化和特色小镇的建设，完成主要社区（乡镇）文化活动中心的数字化改造，结合非物质文化遗产保护与传承，以科技进步推进湘绣、湘瓷、湘茶、烟花、戏曲、工艺美术等传统优势产业的提质发展。

二、湖南打造国家文化创意基地建设的实现路径

1. 开发重点前沿科技和关键技术

结合湖南自身优势，推动政府、科研、企业、社会的协同创新，不断推进文化和科技深度融合，继续发挥湖南"敢为天下先"的改革开放先行作用，"有所为，有所不为"，在以产业链促进创新链、以创新链支撑产业链，力争突破一批关键核心技术，形成创新突破点，重点开发先进科技与文创产业相融合的新型视听类、IP 和信息类、智能制造类、新型会展类、娱乐旅游类等 6 大门类。持续加大技术研发力度，集聚强有力的文化科技战略资源，推动文化产业运用现代科技手段，创新服务品牌，推出更具科技竞争力和市场吸引力的文化产品和服务，开创规模化发展、集约化经营、分工协同、可持续发展的文化创意产业新局面。

2. 着力推动文化创意产业内容生产

内容生产的实力是衡量文化创意产业发展质量和发展生命力的基础。要以影视出版为重点，以马栏山视频文创产业园为平台，发挥科技创新对文化产品内容和产品形式创新的带动作用，加强内容集成播控平台建设。加快传

统出版行业的转型升级步伐，推动数字技术、网络技术与传统出版业融合发展，不断开拓新兴增值业务领域。推动产品设计制造与内容服务整合发展，创造更多更好的文化产品和文化服务，建设内容文化品牌，提升文化产业主体结构层次和发展生命力。

3. 培育优势科技文化企业集群

要针对世界范围内文化创意产业向科技型、集约化、智慧型发展的趋势，培育良好的科技文化创新生态，强化企业创新主体地位，壮大科技文化领军企业和骨干企业的规模，鼓励和壮大国有、民营、外资、合资等多元化的产业主体。湖南文化社团及民办非企可达4 000多家，文化类基金会可达400家左右。① 要发挥湖南文化旅游产业投资基金等机构的作用，鼓励和集聚更多的民办非企和文化基金会，积极储备优质的文化投资项目，吸引各类社会资源汇聚，扩大科技文化成果的公益性服务和惠民效果，形成良性互动的科技文化创新生态结构，让科技文化创新活动蓬勃成长。

4. 构建科技文化新业态和新模式

充分发挥湖南科技文化创新体系及文化创意基地建设的作用，积极鼓励开发新一代超高清电视和电影、数字音乐、网络广播、互联网内容、智慧教育、家庭互联网、公共区域 WiFi 覆盖等 7 个重点领域，形成以技术为驱动，以内容为引导，以企业为实体，以应用为目标的科技文化新业态。要鼓励开发科技文化领域的新商业模式，包括积极发展众创、众包、众扶、众筹等 4 大模式，以众智促创新，大力发展众创空间和网络众创平台。以众包促变革，鼓励用众包等模式促进生产方式变革，聚合员工智慧和社会创意，开展设计研发、生产制造和运营维护。以众扶促创业，通过政府和公益机构支持、企业帮扶援助等多种方式，共助小微企业和创业者成长。以众筹促融资，发展

---

① 根据第三次全国经济普查结果，湖南共有各类文化市场主体 7.53 万户，其中文化产业法人单位近 4 万家，规模以上文化产业法人单位 2 325 家。

实物、股权众筹和网络借贷，拓宽金融体系服务创业创新的新渠道新功能。

表6-1 湖南文化科技融合开发的新兴业态

主要门类		重点领域	建设内容
新兴业态主要门类	新型视听类	新一代影视	新一代超高清电影电视、移动电视、手机影视等
		数字音乐	数字音乐、音乐门户网站、网络下载音乐等
		网络广播	网络电台、UGC 和 PGC 内容服务
	IP 和信息类	互联网内容服务	互联网门户网站、短视频直播服务、微信公众号等
		智慧教育	网络教育、远程培训、数字图书馆、智慧校园等
		数字出版	网络文学、数字期刊、网上文艺社区、手机动漫等
		家庭互联网	智能家庭、多屏互动、远程医疗、精准推送
	智能制造类	文化智能制造	3D 打印、个性化设计定制、基于大数据的创意研发等
		文化科技装备	数字影视装备、会展装备、舞台装备、印刷装备等
	会展广告类	新型展览	数字化展览、数字文化产权交易、数字化艺术品拍卖
		会议服务	数字会议服务、人工智能翻译、远程会议服务等
	娱乐旅游类	娱乐旅游	数字化演艺、数字化主题公园、AR 和 VR + 文娱产业化等
		休闲健康	远程健康服务、文化养老社交网络服务、电子竞技、数字化景观等
	社会服务类	搜索与物流	搜索引擎、电子商务、物流配送、大数据深度开发等
		文化金融	互联网文化众筹、文化众包、文化外包服务等
		创业孵化	虚拟商务区、数字众创空间、网络孵化平台等

5. 拓展以影视出版为重点的文化创意基地

要推动全省文化创意基地和园区的结构优化和升级发展。它包括三个层次。第一层次，以长沙的环马栏山、环岳麓山、中心城区三大科技文创产业圈为基础，体现长株潭作为全省文化产业核心集聚区的引擎作用；第二层次，以湖南省的 27 个重点文化产业园（基地）为节点，形成集约型、规模化、专业化的科技文化产业基地和园区群体；第三层次，发展各个市州县的特色文化产业园，包括宁乡经济技术开发区文化创意产业园、醴陵世界陶瓷艺术城（二期）、临武县文化创意产业园及傩戏传承基地等一批重点项目，形成纲举目张的基地和园区网络。

发挥文化湘军的优势，拓展以影视出版为重点的文化创意基地，遵循差异化、首位效应、优势禀赋和协同引领等原则，根据对泛马栏山区域基础现状的细致调研与相关资料的深度解读，采用全球视野，通观全国格局，发挥湖南特色，推动数字视频产业的供给侧结构性改革，在泛马栏山区域打造一个具有全球影响、国内领先、产城融合的"视频之都"，促进视频产业与高新科技全面融合，放大"广电湘军"在国内外的巨大品牌影响力，推动湖南经济社会创新、协调、绿色、开放、共享发展，营造视频产业高地和新型产业生态系统，实现优质视频产业要素全球集散、形成集群发展、全产业链发展和高附加值发展延伸、全时空营销的产业格局。扶持一批发轫于传统产业的文化企业，快速迎接与融合新技术，全员进入、全链介入、平台突进、开放合作，积极把握新技术带来的出版传媒数字化变革机遇，推动传统意义上的纸质出版向融合性的数字化出版服务转型。

6. 普及科技文化的惠民服务网络

建成数字化、网络化、智能化的公共文化服务体系，结合全省公共文化体系提升工程、"十三五"市级三馆建设、全省村级综合文化服务中心建设等重点项目，完成覆盖主要城市和县域的下一代广播电视有线无线融合网建设，完成省、市两级图书馆和主要博物馆的数字化建设，结合新型城镇化和特色小镇的建设，完成主要社区（乡镇）文化活动中心的数字化改造，提高广播电视户户通、国家文化信息资源共享、农村数字电影放映、农家书屋等国家重点工程的技术服务水平，在有条件的区县试点开展农家书屋数字化阅读服务。继续推进数字图书馆和博物馆建设，建设面向互联网和移动互联网的新型数字内容投送系统，扩大公共文化服务的影响力和覆盖面。推进农民工电子阅览室建设，搭建全省公共文化服务信息集成发布平台。

7. 打造对外文化开放的新优势

湖南要服务国家"一带一路"倡仪，突出"东进"和"南下"的战略方向，加快融入长三角和珠三角两大发展增长极，进一步推动湖湘文化"走出去"，要不断拓展湖南对外文化贸易的目标市场。

（1）突出"东进"战略，接轨长三角，推动双向流通

"东进"战略的方向，是依托长株潭城市群的核心区和环洞庭湖地区的文化创意产业功能区，加快建设马栏山文化创意集聚区、长沙天心文化产业园、长沙大王山文化旅游度假基地、湖南广播电视台大型节目生产基地、昭山文化创意产业园、湖南华强文化科技产业基地、洞庭3 517文旅新城、洞庭湖博览园等重点项目，对接长三角城市群，深度融入长江经济带，大力开发科技型、创意型、智慧型的文化创意产品和项目，构建具有国际竞争力的对外文化服务贸易，包括投资贸易、技术贸易、版权贸易、专业外包等，通过上海和长江三角洲的桥头堡作用，依托上海、浙江自贸区的先发优势，辐射美国、日本和欧盟市场，同时积极投资和并购发达国家的优质资产，包括技术专利、优秀企业、文化地产、科技研发机构、电影院线、技术秘密、配送平台、知名品牌等，逐步形成以湖南为基地，辐射海内外的优质科技文化资产网络。

"东进战略"的重点是双向流通，一方面，以开放倒逼改革，争取把上海自贸区等实施的文化市场开放项目，包括允许外资企业从事游戏游艺设备的生产和销售、允许设立外商独资演出经纪机构、允许在自贸区内设立外资经营的演出场所、允许设立从事其他印刷品印刷经营活动的外资企业等举措尽快在湖南落地实施，逐步测试湖南文化产业对于国际贸易自由化压力的承受能力，把握湖南文化产业对国际市场规则的适应能力；另一方面，以创新增强活力，在这个过程中积极实施自主创新战略，培育湖南本土的高端科技文化要素和对外文化贸易优势，加强科技文化项目的研发，发展湘籍的外向型文化企业和湘籍文化跨国公司，扩大湖南在全球文化贸易市场上的话语权。

（2）突出"南下"战略，接轨大湾区，拓展新空间

"南下"战略的方向，是依托大湘南文化创意产业功能区等，大力开发银

都文化创意产业园、土家特色科技园区、南岳汉韵文化城、中国桂东生态三元文化创意产业园、瑞鼎文化产业园、永州文化创意产业园建设等重点项目，接轨粤港澳大湾区、北部湾经济区、海峡西岸经济区等，依托广东、福建自贸区和深圳特区等的先行先试作用，融入海上丝绸之路和中南铁路网，进入面向东南亚国家的海陆大通道，在扩大文化产品出口的同时，大力发展文化服务出口，包括投资贸易、版权贸易、技术贸易、旅游贸易等，发展文化创意服务外包、众筹等新兴业态，获得对于湖南文化创意产业未来发展至关重要的市场资源、劳动力资源、原材料资源，扩大湖南文化创意产业发展的战略空间。

"南下"战略的重点，是多元融合。它不仅是指湘粤港澳的地理联通，也是指不同制度、多样要素、产业分工的融合。2017 年国家首次提出"粤港澳大湾区"，未来的粤港澳大湾区将发展成为与美国旧金山湾区等比肩的超大型开放型经济体，它的科技创新资源丰富，拥有侨乡、英语、葡语三大文化纽带，是世界重要的科技产业、金融服务业、航运物流和制造业中心，拥有比较完备的创新链、产业链和供应链。而湖南拥有科技湘军、文化湘军等强大主体、著名品牌、创新活力和重要区位，可以通过前瞻性的谋篇布局，依托大湘南文化创意产业功能区及重点项目，实现跨域联动，发挥科技文化创新的优势，以科技文化方面的自主内容、高端装备、专业服务等，形成湘粤港澳的大联通、大布局、大开放。

三、湖南打造国家文化创意基地建设的保障措施

1. 推进"放管服"改革

优化文创企业审批服务。深化文化行政审批制度改革，全面建立权力清单、责任清单和负面清单制度。让市场主体"法无禁止即可为"，让政府部门"法无授权不可为"，让行政机关"法定职责必须为"；加强企业孵化的机制，加大天使投资规模。加大对天使投资发展的政策引导和扶持力度，鼓励设立

专门的天使投资引导基金，引导各类型私募股权投资基金、创业投资企业和个人参与对初创文化企业的天使投资，吸引更多的民间资本投向初创型文创企业。鼓励文创金融专营机构实施投贷联动，对获得天使投资的文化企业，提供授信服务。探索"专业孵化＋天使投资"的孵化发展模式，利用各种渠道搭建天使投资对接平台，营造良好的天使投资发展环境。加大对海外大型文创企业招商引资力度，重点针对世界 500 强、行业龙头企业"招大引强"，带动相关行业和其他中小企业，形成全产业链发展。

2. 加强人才培养引进力度

由省文化产业发展专项资金设立人才培训专项，3～5 年内完成主要文化产业领域骨干员工的专题培训，形成职业培训与学历教育相结合的人才培养体系；加强文化产业人才的需求预测，建立未来 3～5 年的人才需求数据库和发布制度，对列入数据库的文化产业人才，实行重点引智计划，在户籍办理、创业、住房、医疗、子女入学等方面实施"一对一"服务；要因地制宜地关注紧缺文化产业人才以及非物质文化遗产传承人培养计划，鼓励在传承文化遗产方面要有精益求精、代代传承的"工匠精神"，为他们的工作和生活解决具体的困难，让湘绣、湘瓷、湘艺、菊花石、花炮等传统技艺后续有人。

3. 建设服务支撑平台

建设文化投融资交易综合平台，推进文化领域政府和社会资本合作（PPP）示范的文化项目，创建国家级文化与金融合作示范区；推动金融资本、社会资本、文化资源的广泛流通、优化配置和有效结合；充分运用省文化旅游产业投资基金等平台，发挥资金融通功能、资源配置功能、风险管理功能、价格信号功能、国际化平台功能。建设文化众创平台，对接中央和省委省政府"互联网＋"行动计划，进一步贯彻《湖南省发展众创空间推进大众创新创业实施方案》，支持文化领域的创新工场、创客空间、社会实验室、智慧小企业创业基地等新型众创空间发展，重点在文化传媒、移动互联网、创意设计、智能控制等领域发挥众创空间的示范带动效应。鼓励文创企业借助电子商务等新兴交易模式开拓国际业务，培育发展文创跨境电商。筹建湖南对外文化贸易基地，积极筹建湖南国际艺术品保税仓库等新的服务平台，形成国际艺术品的保税展示、保税租赁、保税交易、保税拍卖、艺术品现货远程交易、文化授权交易等新业态。